FERRAMENTAS DE GESTÃO VOLTADAS PARA MELHORIA DA QUALIDADE NAS EMPRESAS

RAPHAEL AUGUSTO PARREIRAS GALLEGOS

FERRAMENTAS DE GESTÃO VOLTADAS PARA MELHORIA DA QUALIDADE NAS EMPRESAS

Copyright © 2023 by Raphael Augusto Parreiras Gallegos

Todos os direitos reservados e protegidos pela Lei 9.610, de 19.2.1998.

É proibida a reprodução total ou parcial, por quaisquer meios, bem como a produção de apostilas, sem autorização prévia, por escrito, da Editora.
Direitos exclusivos da edição e distribuição em língua portuguesa:

Maria Augusta Delgado Livraria, Distribuidora e Editora

Direção Editorial: Isaac D. Abulafia
Gerência Editorial: Marisol Soto
Diagramação e Capa: Madalena Araújo

Dados Internacionais de Catalogação na Publicação (CIP)
de acordo com ISBD

G166f	Gallegos, Raphael Augusto Parreiras
	Ferramentas de Gestão voltadas para melhoria da Qualidade nas Empresas / Raphael Augusto Parreiras Gallegos. - Rio de Janeiro, RJ: Freitas Bastos, 2023.
	176 p. : 15,5cm x 23cm.
	ISBN: 978-65-5675-278-5
	1. Administração. 2. Gestão. 3. Qualidade nas Empresas. I. Título.
2023-752	CDD 658.401
	CDU 658.011.2

Elaborado por Vagner Rodolfo da Silva - CRB-8/9410

Índice para catálogo sistemático:
1. Administração : gestão 658.401
2. Administração : gestão 658.011.2

Freitas Bastos Editora
atendimento@freitasbastos.com
www.freitasbastos.com

Dedico essa obra aos meus pais, familiares, amigos e colegas de profissão que permitiram que eu tivesse conhecimento para escrever essa obra.

"Se você acha que educação é cara,
experimente a ignorância".

ROBERT ORBEN

PREFÁCIO

Esse livro tem como objetivo principal ajudar você caro leitor a entender como as Ferramentas de Gestão que existem no mercado podem auxiliar você a melhorar suas tomadas de decisão.

Sempre que leciono alguma disciplina, voltada para área da qualidade, vejo os alunos reclamando ou questionando sobre os problemas que enfrentam todos os dias e que muitas vezes estão atrelados a gestão da empresa. Não importa se a empresa é pequena, média ou grande sempre terá problemas que necessitam de soluções.

A questão que vejo mais importante é quando esses problemas gerenciais afetam o cliente final, porque nessa hora ele deixa de comprar de você e passa a comprar na concorrência. Quando entro nesse tema mostro aos alunos as Ferramentas de Gestão ou de Qualidade que podem ser usadas pelos gestores para melhorar sua tomada de decisão, poder identificar aquilo que necessita ser melhorado e acima de tudo, tomar decisões baseados em fatos e dados.

Todos os dias tomamos decisões das mais diversas atividades, porém muitas vezes não estamos munidos de informações para dar uma resposta mais assertiva e é nesse momento que a chance de cometermos um erro é maior porque estamos trabalhando com intuição ou com próprio achismo mesmo e isso pode causar prejuízos para empresa.

Portanto, decidi reunir nesse livro todas as ferramentas que costumo mostrar em sala de aula que são fáceis de trabalhar, independem do porte físico da empresa e que se bem aplicadas trazem resultados fantásticos. Ao final do livro você terá percorrido uma trilha de informações que são simples e com exemplos podem ser aplicadas ao seu dia a dia. Para aqueles que já conhecem as ferramentas será uma fonte de consulta para entender por meio de exemplos simples como aplicá-las e para aqueles que nunca ouviram falar será uma oportunidade para conhecer e posteriormente aprofundar no tema.

Esse livro não tem o intuito de inventar uma "nova roda" em termos de qualidade ou gestão ele tem por finalidade poder dar informações ao leitor de onde e como aplicar as ferramentas de gestão e quais efeitos ela poderá trazer para a organização.

Espero que você tenha uma boa leitura e sempre que ficar na dúvida possa usar o livro para como guia para resolução de problemas.

SUMÁRIO

CAPÍTULO 1:
O QUE É QUALIDADE?..13

CAPÍTULO 2:
O QUE SÃO AS FERRAMENTAS DA QUALIDADE?.........................21

CAPÍTULO 3:
O PDCA É UMA FERRAMENTA OU METODOLOGIA?...................27

CAPÍTULO 4:
FERRAMENTAS QUE AUXILIAM NA GESTÃO....................................37

CAPÍTULO 4.1:
FOLHA DE VERIFICAÇÃO...41

CAPÍTULO 4.2:
DIAGRAMA DE PARETO..47

CAPÍTULO 4.3:
ISHIKAWA, DEBATE, 5 PORQUÊS...55

CAPÍTULO 4.4:
5W2H...75

CAPÍTULO 5:
FERRAMENTAS COMPLEMENTARES DA GESTÃO.......................81

CAPÍTULO 5.1:
FLUXOGRAMA 83

CAPÍTULO 5.2:
DIAGRAMA DE GANTT...95

CAPÍTULO 5.3:
MATRIZ GUT 105

CAPÍTULO 5.4:
MATRIZ DE RESPONSABILIDADE 113

CAPÍTULO 6:
APLICANDO AS FERRAMENTAS DA QUALIDADE
DENTRO DO SISTEMA ISO 9001: 2015...121

CAPÍTULO 7:
HISTOGRAMA..137

CAPÍTULO 8:
A IMPORTÂNCIA DA ESTATÍSTICA DESCRITIVA
COMO SUPORTE À GESTÃO 151

CAPÍTULO 9:
A IMPORTÂNCIA DA SIMULAÇÃO COMO
FERRAMENTA PARA MELHORIA DE PROCESSOS 159

CAPÍTULO 10:
CONCLUSÃO..173

CAPÍTULO 1:

O QUE É QUALIDADE?

Muitas pessoas se perguntam o que é qualidade? Uma pergunta simples, mas com uma resposta não tão simples. Acredito que a melhor resposta para isso seria: Qualidade é tudo que faz você enxergar valor no que você consome.

O dicionário Oxford Languages, considera qualidade como algo positivo ou negativo daquilo que está sendo avaliado, no caso a excelência.

Qualidade nada mais é do que um conjunto de fatores que avaliamos na hora de adquirir algo seja um produto ou serviço e entenda que os dois serão tratados aqui como a mesma coisa e quais são esses fatores que avaliamos? É possível medir?

Vou tentar enumerar alguns fatores que acredito que sejam cruciais na hora de fazer uma escolha:

- Aparência do produto;
- Tempo para você recebê-lo;
- Embalagem;
- Esclarecimentos técnicos de funcionamento;
- Atendimento do prestador de serviço;
- Funcionalidade para qual ele foi projetado.

Todos esses fatores podem ser usados como avaliação para você escolher o produto A ou B ou serviço C e D, não importa qual você escolha você sempre usará algum critério que fará você decidir por escolher um e excluir o outro. Muitos leitores, acredito, que devem estar pensando: "ok concordo, mas e a questão preço? Eu escolho o produto por preço primeiramente".

O preço é algo diretamente proporcional à qualidade, não estou querendo dizer que os produtos mais caros apresentam melhor qualidade do que os de menor preço. A grande questão é que a qualidade faz com que a empresa possua um custo maior do que a concorrente que não possui nenhum controle sobre seus processos. Vejamos as Equações 1 e 2:

Preço de venda = Custos + Despesas + Lucro (1)

Investimento na Qualidade = Custo de Qualidade (2)

Analisando a Equação 2 é possível perceber que uma empresa que investe mais em qualidade terá um custo maior que do que a que não investe e consequentemente terá um preço de venda um pouco maior (veja a Equação 1). Claro que se uma organização quer ser competitiva no mercado ela precisa reduzir o custo, a despesa ou Lucro para que ela tenha um preço condizente com seus concorrentes e é justamente isso a importância das Ferramentas da Qualidade para gerenciar uma organização, apesar de ser um tema que será tratado mais a frente, é utilizando elas que as empresas irão conseguir atender melhor seus clientes, poderão reduzir mais seus custos e suas despesas e aumentar suas receitas.

Respondendo a segunda pergunta é possível sim mensurar os critérios que fazem um cliente escolher A ou B. Necessita de dois fatores para que possa ser analisado:

- Fazer ou contratar uma pesquisa de marketing para entender as necessidades dos clientes que compram na sua empresa;
- Entender um pouco de estatística para interpretar os resultados.

E por que então muitas empresas que possuem controle de seus processos possuem o preço teoricamente competitivo não conseguem performar nas vendas? A resposta para isso está em entender o cliente e o que agrega valor a ele e o que não agrega. Depois de descoberto o que o consumidor valoriza na sua empresa é necessário medir e controlar. Em sala de aula quando estou tratando desse tema sempre levanto a seguinte questão: A Empresa X tem 5 processos conforme a Figura 1. É preciso controlar todos os processos?

Figura 1 – Processo genérico de uma empresa

Fonte: (Elaborado pelo próprio autor, 2022)

A maioria dos alunos tende a dizer que sim, pois todos os processos são importantes para a empresa. A verdade é que a resposta é não! Você deve controlar e mensurar os processos que agregam valor para seu cliente, pois assim não gastará recurso, dinheiro e tempo com processos que seu cliente não vê como importante e ele não irá pagar nada a mais por isso.

Vejamos algumas situações em que é importante ter o controle, pois costumam agregar valor para os clientes:

- O tempo de atendimento para retirada da mercadoria;
- O tempo de resposta da empresa para uma dúvida ou orçamento;
- A forma como o / a atendente tratou o cliente;
- O tempo de entrega do produto até o local que o cliente optou por recebê-lo;
- O tempo na fila para pagar pelo produto / serviço.

Essas são algumas das situações que fazem com que o consumidor opte por consumir no local A ao invés do local B, e nesse momento o fator preço não será levado em consideração porque a má experiência que ele teve o fez levar a consumir em outro lugar. Portanto, preço é importante? Sim, porque se não tiver um preço competitivo não irá vender. Preço é o fator mais importante na escolha dos clientes? A resposta é talvez, para muitos clientes o que importa é somente o preço, agora para muitos existem outros fatores que serão levados em conta no momento do consumo, para responder corretamente a essa pergunta é preciso conhecer os clientes da sua empresa e entender o que eles buscam.

A busca pela excelência na qualidade não é algo novo, desde que a civilização passou pela Segunda Revolução Industrial que iniciou no início do século XX e terminou com a I Guerra Mundial, as organizações vêm tentando buscar e aperfeiçoar seus produtos / serviços. Walter Andrew Shewhart foi uma dessas pessoas que entendeu que a qualidade dos produtos precisa ser controlada, ele foi o responsável por introduzir a estatística nos processos produtivos e assim poder eliminar a inspeção em massa.

William Edwards Deming também foi outra pessoa responsável pela qualidade apesar de muitos o considerarem responsável pela criação do PDCA, na verdade, ele foi o responsável por difundir a ideia e conseguir explicar ela de maneira clara e objetiva. No Capítulo 3 será abordado o tema relacionado ao PDCA e você caro leitor poderá entender quão poderosa é essa metodologia.

Kaoru Ishikawa foi outra pessoa importante na história da qualidade responsável pela ferramenta que é conhecida pelos seguintes nomes e acredito que você já tenha ouvido pelo menos um deles: "Diagrama de Causa e Efeito", "Diagrama de Ishikawa", "Diagrama de

Espinha de Peixe" ou "Diagrama dos 6M" é uma ferramenta que é utilizada até hoje e quando bem aplicada traz resultados satisfatórios. Ela será aprofundada no Capítulo 4.4.

A qualidade atualmente tem um papel importante nas empresas ela não pode ser vista como um setor da empresa ou apenas como controle de processos, já que estamos em pleno funcionamento da internet e o mundo caminha para difusão da Indústria 4.0, ela precisa ser um meio para se alcançar a excelência porque existem estudos atuais que mostram o impacto da qualidade no desempenho das organizações, como pode ser observado por você na Figura 2.

Figura 2 – Modelo de Impacto da Gestão da Qualidade

Fonte: (Adaptada, ZHU et al., 2022)

Você pode observar na Figura 2 que a qualidade afeta a maneira como as organizações fazem negócio, uma vez que seu produto / serviço não apresenta qualidade, ele deixará de ser consumido por consequência você irá perder uma fatia do mercado. Com investimentos menores você terá menos fornecedores que irão investir financeiramente menos em seu negócio (tome como exemplo, parte do consumo em insumos no fornecedor passam a ser revestidos em créditos para campanhas de marketing, ou a limitação de crédito para compras futuras). Com menos investimentos e com participação cada vez menor no mercado o compartilhamento de informações na cadeia logística faz com que sua empresa não seja bem-vista no mercado (não se engane ao achar que o mercado a qual você atua não sabe nada sobre a sua empresa ou a saúde financeira dela).

A situação mostrada na Figura 2 também pode ser positiva, estudos recentes como dos autores ZHU *et al.*, (2022) em seu artigo que possui o título em português "Uma Abordagem para Determinar a Necessidade de Integrar a Gestão da Qualidade na Implementação do PLM Industrial" corroboram ao demonstrar que a Gestão da Qualidade causa um impacto positivo no desempenho da empresa e na área de inovação e no próprio mercado e que o sistema de gestão da empresa deve estar preparado para atender as necessidades exclusivas daquela organização.

Por fim veremos nos capítulos seguintes como a utilização de ferramentas da qualidade podem ajudar os gestores das companhias a tomarem melhores decisões para resolução de problemas e garantir que sejam implementadas de forma eficaz.

Outro ponto que será estudado é como a estatística pode ajudar a levantar os dados para que possam ser empregadas ferramentas de controle a fim de levantar informações e que elas sejam confiáveis para que a decisão seja assertiva, lembre-se qualidade dentro de uma organização traz custos e se as ferramentas não forem usadas de forma correta não irão resolver os problemas da companhia como consequência ira aumentar os gastos e a empresa poderá deixar de ser competitiva em seu mercado de trabalho, portanto é importante tomar decisões baseados em dados e fatos.

REFERÊNCIAS

ZHU, Valentine; GIDDALURU, Muni Prasad; ELSOURI, Mohammed; GAO, James. **An Approach to Determining the Need for Integrating Quality Management into Industrial PLM Implementation**. Procedia CIRP, vol. 109, p. 490-495, 2022. DOI 10.1016/j.procir.2022.05.283. Available at: https://doi.org/10.1016/j.procir.2022.05.283.

CAPÍTULO 2:

O QUE SÃO AS FERRAMENTAS DA QUALIDADE?

No capítulo anterior foi descrito toda a importância que a qualidade tem para as empresas hoje. Vimos que sem qualidade uma empresa tende a ser excluída do mercado, seja por concorrentes que possuem melhores produtos ou serviços, seja por clientes que insatisfeitos irão procurar outros para atendê-los. Não importa o motivo qualidade é importante e será necessário para se manter competitivo no mercado de trabalho.

A primeira pergunta para esse capítulo seria: Como garantir a qualidade sem comprometer os custos? Lembre-se caro leitor que vimos no capítulo anterior que investimento na qualidade gera custos e se não forem bem empregados trarão aumento de despesas e reduções nas margens de lucro, pensando que a organização precisa ter um preço competitivo perante o mercado.

A resposta para essa pergunta está nas Ferramentas da Qualidade. Antes de aprofundar nesse assunto é preciso falar de maneira geral o que seriam as Ferramentas. Pois bem, existem várias (mais de dez) para serem usadas pelas mais diversas áreas, como saúde, economia, marketing, finanças, engenharia dentre outras áreas. O que as torna importante então?

- Auxiliam na tomada de decisões;
- Permitem a coleta de dados;
- Ajudam na padronização de alguma atividade;
- Permitem que o executor monitore a atividade;
- Permite conhecer pontos fortes e fracos da empresa ou do processo.

Todas as ferramentas fazem isso? A resposta é não, cada uma tem um objetivo, cada uma tem uma função que irá ajudar quem a estiver utilizando. Para exemplificar sua versatilidade os autores Allum *et al.*, (2022) no seu artigo com tradução do título para português: "Informando a padronização do cuidado para pacientes de internação prolongada na unidade de terapia intensiva: uma revisão de escopo de ferramentas de melhoria de qualidade" descrevem a importância da utilização das Ferramentas na área clinica, como *checklist* e uso da Folha de Verificação para coleta de dados.

Outros autores que corroboram para a prática da importância da utilização de ferramentas são Leygonie; Motamedi; Iordanova, (2022) em seu artigo "Desenvolvimento de procedimentos e ferramentas de melhoria da qualidade para gestão de instalações BIM" eles descrevem a importância de ferramentas como Lista de Verificação para ajudar a identificar os itens que são modelados utilizando o BIM (Building Information Modeling), traduzido para o Português (Modelagem da Informação da Construção). Essa lista é exigida na entrega dos projetos que faz parte de uma estrutura que ajuda nas operações e manutenções das construções.

Visto o que são as Ferramentas é necessário descrever quais são as Ferramentas da Qualidade e como elas poderão auxiliar o gestor na tomada de decisão. Existem inúmeras instrumentos e cada um com um proposito diferente. Uma pergunta que costumo fazer em sala de aula é: É necessário usar todas elas? A resposta é não, pois algumas são muito específicas para certo tipo de problema, outras necessitam de um conhecimento mais profundo sobre sua utilização para conseguir extrair seu valor.

E quais Ferramentas usar então? É justamente sobre isso que esse livro trata, das Ferramentas que podem ser usadas por qualquer empresa (pequena média ou grande) que ao usar em uma sequência logica irá obter um resultado satisfatório e investirá na qualidade e conseguirá identificar os problemas denominados "problema raiz" e propor soluções para resolvê-los.

Muitos leitores podem se perguntar o porquê de utilizar uma sequência específica e qual seria ela? Pois bem, a ordem que eu trabalho com as Ferramentas foi baseado em experiência e treinamento que tive ao longo dos anos, outro motivo é que quando as utilizo em uma ordem específica eu estou rodando o PDCA. Esse momento acredito que seja de várias dúvidas como, por exemplo:

- Quais serão as ferramentas tratadas?
- O PDCA não é uma Ferramenta?
- Qual a ordem que devem ser utilizadas?

Respondendo a primeira pergunta as Ferramentas a serem estudadas nesse livro serão:

I. Folha de Verificação;

II. Histograma;

III. Diagrama de Pareto;

IV. Espinha de Peixe + *Brainstorming* + 5 Por quês?

V. 5W2H.

A utilização dessas Ferramentas nessa ordem permite que você rode o PDCA. Para aqueles que nunca ouviram falar no PDCA, o próximo capítulo é todo dedicado a ele e nesse capítulo será explicado o porquê de ele não ter sido considerado aqui como uma Ferramenta e o que é o próprio PDCA, respondendo assim a segunda e terceira pergunta.

Verificando o sumário do livro é possível perceber que outras ferramentas serão tratadas e por que então elas estão separadas das demais? São menos importantes? Primeiramente todas as Ferramentas são importantes o que acontece é que algumas são mais demandas que outras, as cinco listadas acima são as mais conhecidas e mais fáceis de serem trabalhadas, considere que se você conseguir usar elas você estará apto a resolver mais de 50% dos problemas relacionados a qualidade na empresa. O motivo delas estarem em outro grupo é porque são complementares a gestão podendo ser usadas individualmente e em situações específicas, mas isso não tira o brilho delas e não as fazem menos importante ou menos eficazes. E quais serão estudas então?

I. Fluxograma;

II. Diagrama de Gantt;

III. Matriz GUT;

IV. Matriz de Responsabilidade.

No último capítulo é abordado a utilização da Simulação como uma Ferramenta para resolver problemas complexos que demandam softwares para gerar respostas fechando assim o proposito desse livro que é trazer instrumentos de trabalho para melhorar a tomada de decisão na área da qualidade. Acredito que muitos estejam pensando no produto que está sendo processado na empresa, lembre-se que produto e serviço são a mesma coisa e que as vezes o problema não está no chão de fábrica, mas sim na área administrativa, portanto esse livro poderá sim ser usado para resolver problemas administrativos que consequentemente irão reduzir custos e aumentar sua lucratividade.

O que considero o mais importante é no final desse livro você saber quais são as Ferramentas, como utilizá-las e qual setor você deverá usá-las pensando sempre naquilo que agrega valor ao cliente.

REFERÊNCIAS

ALLUM, Laura; APPS, Chloe; PATTISON, Natalie; CONNOLLY, Bronwen; ROSE, Louise. **Informing the standardising of care for prolonged stay patients in the intensive care unit: A scoping review of quality improvement tools**. Intensive and Critical Care Nursing, nº July, p. 103302, Aug. 2022. DOI 10.1016/j.iccn.2022.103302. Available at: https://doi.org/10.1016/j.iccn.2022.103302.

LEYGONIE, Romain; MOTAMEDI, Ali; IORDANOVA, Ivanka. **Development of quality improvement procedures and tools for facility management BIM.** Developments in the Built Environment, vol. 11, nº March, p. 100075, Sep. 2022. DOI 10.1016/j.dibe.2022.100075. Available at: https://doi.org/10.1016/j.dibe.2022.100075.

CAPÍTULO 3:

O PDCA É UMA FERRAMENTA OU METODOLOGIA?

PDCA muitos já ouviram falar e muitos nem sequer sabem o que significa essa sigla poderosa e que de tanto poder tem um capítulo destinada a tratar somente dela. O PDCA possui esse nome devido ser as iniciais para as seguintes palavras em inglês:

- *Plan* – Planejamento;
- *Do* – Execução;
- *Check* – checar, analisar, verificar;
- *Action* – Agir em função de correção do que não deu certo.

Essa metodologia (veja bem, usei a palavra metodologia) surgiu em 1920 por Walter Andrew Shewhart, que foi um físico dos EUA e responsável pelo pioneirismo da qualidade e da estatística. Apesar de ele ser o responsável pela criação do PDCA, foi com Deming que difundiu essa metodologia pelas organizações e é utilizada até hoje nas mais diversas áreas.

E como funciona o PDCA? Primeiramente é preciso ver a Figura 3 para entendermos como ele funciona de maneira simples.

Figura 3 – PDCA

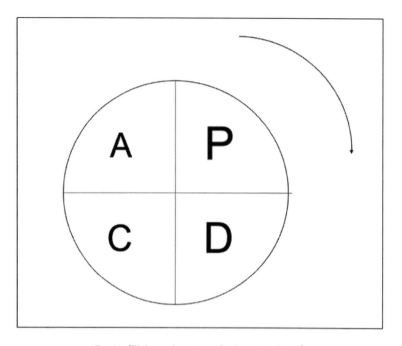

Fonte: (Elaborado pelo próprio autor, 2022)

Ao olhar para a Figura 3 é possível ver que o PDCA segue etapas distintas e com uma direção específica indo do P – A, dando a impressão de que você está girando uma roda. O objetivo é esse mesmo porque quando você chegar na última etapa que seria o "Agir", você rodou o PDCA e está fazendo melhoria contínua.

Por que eu o considero então como uma metodologia e não como uma ferramenta? Pensando em toda a sua versatilidade e campo de atuação a palavra ferramenta é pequena para designar sua característica, as ferramentas da qualidade que foram listadas no capítulo anterior podem ser utilizadas dentro do PDCA cada uma em determinado momento e antes de fazer essa relação é preciso entender o que deve ser feito em cada uma das etapas do PDCA.

Para ficar de maneira de didática vamos imaginar a seguinte situação: você trabalha em uma empresa X e você possui clientes que fazem a retirada das mercadorias na loja da empresa. Muitos clientes andam reclamando da demora para retirarem seus pedidos e estão insatisfeitos. Você como um bom gestor resolveu que esse problema deve ser solucionado porque a qualidade do atendimento agrega valor ao seu cliente e faz com que ele deixe de consumir em sua empresa caso ele saia insatisfeito.

Você decide então usar a metodologia do PDCA para dar uma solução definitiva para o problema. Ao vermos a Figura 3 o primeiro ponto que devemos passar é o P – Planejamento.

PLAN – PLANEJAMENTO

Pensando no nosso problema devemos planejar o que será feito para resolução do problema e podemos criar atividades que devem ser realizadas para levantarmos o que será feito e como iremos fazer:

- Levantar o número de clientes insatisfeitos com atendimento;
- Levantar o tempo de atendimento médio que está sendo realizado pela expedição;
- Conversar com os funcionários da expedição para entender como se dá o processo de atendimento;

- Propor mudanças no setor a fim de reduzir o tempo no atendimento;
- Fazer novas medições para verificar se o que foi proposto teve resultado;
- Caso positivo tornar padrão essa nova forma de atendimento.

Essas atividades que acabo de descrever são um exemplo do que devemos planejar para conseguir solucionar o problema. A parte de planejamento é essencial para qualquer atividade porque ela permite que você identifique o que vai ser feito, coloque um prazo para a execução e designe um responsável. Isso facilita a execução do que foi proposto reduz o tempo da execução e as chances de falha passam a ser menores. Pensando em porcentagem o planejamento deve ser dedicado 70% do tempo para que você consiga executar em 30%, o problema é que temos o hábito de primeiro executar e depois refletir sobre o que fizemos.

DO – EXECUÇÃO

Nessa etapa devemos colocar em prática tudo o que decidimos fazer na etapa anterior e fazermos de forma mais assertiva possível para que não seja necessário voltar nela novamente (lembre-se destinamos maior parte do tempo no planejamento, portanto sabemos o que devemos executar. No caso do nosso problema devemos):

- Levantar o número de clientes insatisfeitos com atendimento;
- Levantar o tempo de atendimento médio que está sendo realizado pela expedição;
- Conversar com os funcionários da expedição para entender como se dá o processo de atendimento;
- Propor mudanças no setor a fim de reduzir o tempo no atendimento.

Note que eu listei apenas as atividades que deverão ser executadas porque próximo passo será analisar e comparar o que fizemos.

CHECK – ANALISAR

Essa etapa é importante porque é aqui que você irá comparar os resultados obtidos com os resultados esperados, a melhor forma de fazer isso é por meio de algum indicador, pensando no nosso problema que é tempo atendimento o desejável é que ele reduza, poderíamos ter colocado como meta uma redução de 10% sobre o tempo inicial, portanto nessa etapa devemos:

- Fazer novas medições para verificar se o que foi proposto teve resultado.

Ao fazer as novas medições é possível comparar com o valor anterior e podemos encontrar três resultados:

- Valor da nova medição ficou abaixo;
- Valor da nova medição se manteve;
- Valor da nova medição subiu.

Na última etapa agora iremos analisar os resultados e fazer as correções necessárias para que possamos dar uma solução ao problema.

ACTION – AGIR

Nessa etapa nos devemos analisar o que fizemos na etapa anterior e corrigir o que for necessário. Voltando ao problema do tempo de atendimento vimos que poderia ter ocorrido três resultados distintos e que dois deles não são satisfatórios que é o tempo aumentar ou permanecer o mesmo, vamos analisar cada um deles então.

A primeira situação a ser analisada é os novos valores da expedição são menores que os anteriores. Essa situação é ótima, pois seu cliente irá sair satisfeito e a empresa poderá atender inclusive mais clientes. para que isso se mantenha é preciso padronizar essa nova maneira de trabalho e quando digo padronizar é treinar os funcionários para que eles consigam manter esse novo tempo.

A segunda e a terceira situação não são agradáveis e demonstra que houve alguma falha na execução ou que não foi levado em consideração no planejamento. Isso pode acontecer principalmente quando não estamos acostumados a usar a ferramenta ou o cenário possui muitas variáveis. Não há necessidade de pânico, caso isso aconteça é necessário voltar a etapa do planejamento (P) e refazê-lo. Veja bem essa possibilidade faz com que você caro leitor, esteja rodando o PDCA porque mesmo que não tenha sido assertiva a resposta você aprendeu muita coisa e no momento desse novo planejamento poderá levar várias coisas em consideração que não tinham sido levantadas.

Com esse exemplo simples podemos perceber como a metodologia do PDCA é importante na resolução de problemas. Como exemplos da sua utilização as autoras JIANG *et al.*, (2021) em seu artigo com título em português "Prevenção baseada na teoria do ciclo PDCA de infecção bacteriana por drogas intravenosas da equipe de enfermagem usando modelo de avaliação quantitativa de grau" demonstram a importância do PDCA no gerenciamento de informações hospitalares a fim de evitar infeções por bactérias intravenosas utilizando a avaliação 360 graus.

Outro exemplo importante é do autor AGRA, (2014) que demonstra em sua dissertação de mestrado "Aplicação do Modelo PDCA 90-10 na gestão de ativos de minas a céu aberto" a importância do PDCA para gestão de ativos da mina, por fim a Figura 4 mostra de uma maneira clara e objetiva como o PDCA é incorporado na metodologia do ciclo de vida do projeto e como elas interagem.

Figura 4 – PDCA e o Ciclo de Vida do Projeto

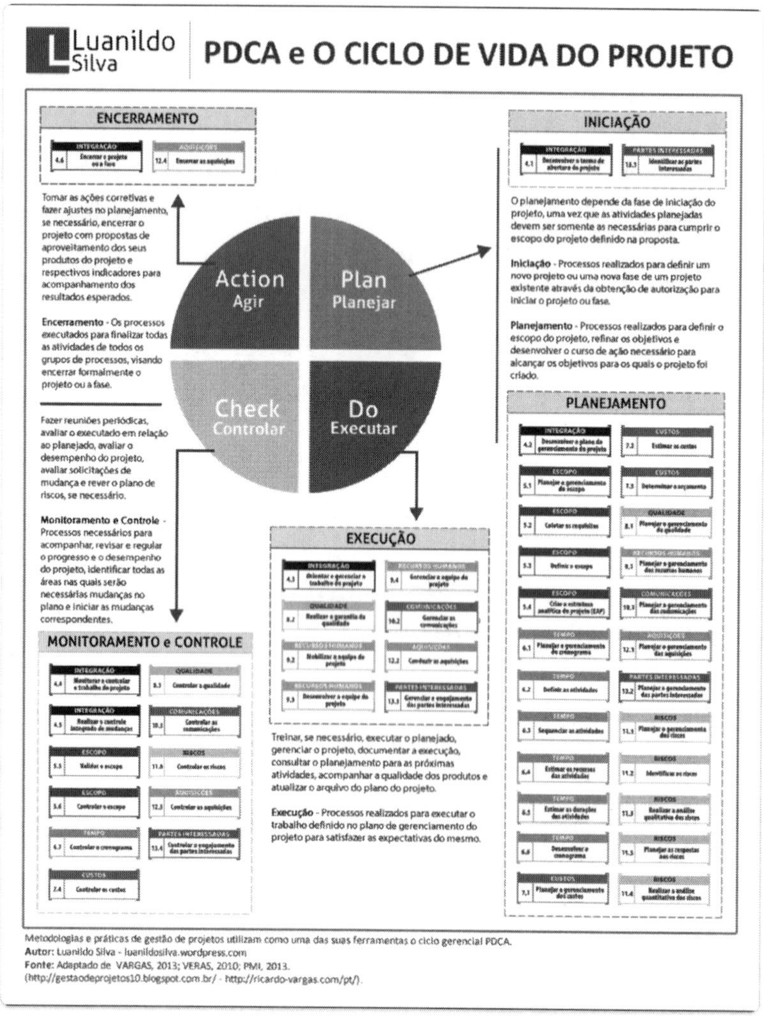

Fonte: (SILVA, 2016)

Eu havia dito anteriormente que as Ferramentas da Qualidade poderiam ser incorporadas ao PDCA que inclusive era um desses motivos que eu considerava o

PDCA uma metodologia e não uma ferramenta, portanto a Figura 5, ajuda a entender onde pode ser utilizada cada uma delas.

Figura 5 – PDCA e Ferramentas da Qualidade

P	D	C	A
5W2H	Folha de Verificação	Histograma	5W2H
Brainstorming	Histograma	Outras Ferramentas Estatísticas	Diagrama de Pareto
Diagrama de Pareto	Outras Ferramentas Estatísticas	-	Outras Ferramentas Estatísticas
Fluxograma	Diagrama de Ishikawa	-	-
-	Brainstorming	-	-
-	5 Porquês?	-	-

Fonte: (Elaborado pelo próprio autor, 2022)

Chegamos ao final do capítulo e espero caro leitor que você tenha entendido o porquê o PDCA é muito mais que uma ferramenta e o tanto que ele auxilia na resolução de problemas e de tomada de decisões. O próximo capítulo irei falar das Ferramentas da Qualidade e você poderá ao final tirar suas próprias conclusões a respeito do PDCA ser ou não uma ferramenta.

REFERÊNCIAS

AGRA, Richardson Viana. **Aplicação do Modelo PDCA 90-10 na gestão de ativos de minas a céu aberto.** Dissertação apresentada à Escola Politécnica da Universidade de São Paulo para a obtenção do título de Mestre em Engenharia. [*S. l.: s. n.*], 2014. Available at: https://www.teses.usp.br/teses/disponiveis/3/3134/tde-22102014-120207/pt-br.php.

JIANG, Lina; SUN, Xiaofeng; JI, Cuicui; KABENE, Stefane Mostefa; ABO KEIR, Mohammed Yousuf. **PDCA cycle theory based avoidance of nursing staff intravenous drug bacterial infection using degree quantitative evaluation model.** Results in Physics, vol. 26, p. 104377, 2021. DOI 10.1016/j.rinp.2021.104377. Available at: https://doi.org/10.1016/j.rinp.2021.104377.

SILVA, Luanildo. **PDCA e o Ciclo de Vida do Projeto.** 2016. Available at: https://luanildosilva.wordpress.com/2014/04/28/pdca-e-o-ciclo-de-vida-do-projeto/. Accessed on: 24 Sep. 2022.

CAPÍTULO 4:

FERRAMENTAS QUE AUXILIAM NA GESTÃO

Como vimos nos capítulos anteriores a qualidade é importante para qualquer organização poder atender da melhor maneira possível seus clientes, pois uma boa gestão nessa área visa poder descobrir quais são os problemas que mais causam insatisfação dos clientes e propor soluções para eles.

Pensando em soluções para resolução de problemas é necessário pensar também em qual ou quais ferramentas devem ser utilizadas para ajudar a descobrir quais são as dificuldades mais relevantes, quais são as causas raízes e como será feito para resolvê-lo e em quanto tempo, e por fim é necessário medir para saber se as medidas adotadas surtiram efeito ou não.

Essa metodologia proposta de ideia segue o raciocínio do PDCA que foi discutido no capítulo anterior e vimos ao longo do texto que ele é muito mais que uma ferramenta, ele pode ser considerado uma metodologia que junto com as Ferramentas da Qualidade poderá tornar mais fácil o levantamento da causa raiz dos problemas e propor uma solução adequada para eles.

Para ficar mais didático para você leitor vamos nos imaginar na seguinte situação: nos todos trabalhamos em uma organização de médio porte onde o nosso produto é entregue para alguns clientes específicos e outra parcela retira a mercadoria na empresa. Nesse momento a empresa está passando por uma reestruturação porque ela é de médio porte e está em busca de ampliar suas atividades e se possível abrir uma nova filial.

Hoje ela enfrenta alguns problemas dentre eles a alta concorrência no mercado e para que ela possa continuar competitiva ela precisa resolver problemas internos, pois eles andam afetando a qualidade do seu produto e os clientes já começaram a fazer reclamações para o departamento comercial. Muitos já alegaram que não voltaram a comprar mais enquanto não for tomado soluções para resolução dos impasses.

A diretoria preocupada com essa situação resolveu fazer uma reunião e decidiu criar um comitê para gerenciar a qualidade na empresa como um todo e você foi uma dessas pessoas recém-contratadas para auxiliar a empresa a melhorar seu serviço prestado.

Junto com você mais cinco pessoas irão fazer parte do comitê inclusive o próprio diretor da empresa que deseja acompanhar de perto as ações a serem tomadas para alcançar os resultados desejados e com isso foi criado a Squad – Qualidade, (time ou grupo com objetivo de resolver um determinado problema, esse grupo tem prazo para finalização e é composto por pessoas de diversas áreas).

Todas as reclamações são devidamente anotadas, mas nunca foi feito nenhuma análise sobre elas, portanto foi decidido que será utilizada a metodologia do PDCA junto com as Ferramentas da Qualidade e cada uma em uma etapa específica e ao final espera-se alcançar:

- Aumento nas vendas;
- Aumento na satisfação dos clientes;
- Eliminação dos problemas mais impactantes.

Ao longo dos próximos capítulos serão abordadas as Ferramentas da Qualidade e você caro leitor poderá acompanhar como a Squad – Qualidade irá utilizar as ferramentas e qual a finalidade delas naquela etapa e no final você poderá ter um panorama do todo e tirar suas próprias conclusões a respeito da importância da gestão da qualidade junto com a utilização correta das ferramentas. As Ferramentas que serão trabalhadas nesse exemplo citado são:

I. Folha de Verificação;

II. Histograma;

III. Diagrama de Pareto;

IV. Espinha de Peixe + *Brainstorming* + 5 Por quês?;

V. 5W2H.

Posteriormente veremos outras ferramentas para auxiliar a Squad – Qualidade a resolver problemas que possam melhorar a gestão da empresa e com isso ter o que chamamos na área da qualidade de melhoria contínua.

CAPÍTULO 4.1:

FOLHA DE VERIFICAÇÃO

A primeira Ferramenta da Qualidade a ser tratada é a Folha de Verificação, também denominada *checklist* ou lista de verificação é a ferramenta mais simples de todas e pode ser feito tanto de forma manual quanto de forma eletrônica. Pensando que estamos em pleno século XXI o ideal é que seja feita de forma eletrônica por meio de planilha, por exemplo, ou pelo próprio editor de texto.

A Folha de Verificação é um formulário planejado com objetivo de levantar dados que devam ser usados para futuras análises. Pensando nas informações que desejamos coletar podemos citar:

- Quantidade de itens vendidos;
- Tipos de defeito;
- Quantidade de peças retrabalhadas;
- Quantidade de clientes que entraram na loja;
- Classificação de medidas.

A Folha de Verificação é muito personalizada e de fácil elaboração, porém a primeira coisa que precisamos fazer é entender aquilo que queremos coletar de informação. Por exemplo, um gestor deseja saber quantas peças saíram com defeito e quais defeitos elas apresentaram; o comerciante deseja saber os itens e a quantidade que mais foram vendidos dentro de um dia ou o lojista deseja saber quais foram as peças de roupa que mais foram vendidas no final de semana.

Muitos de vocês podem ter pensado o seguinte: "ok, mas para esses exemplos acima basta consultar o sistema da empresa por mais simples que ele seja, o gestor consegue levantar essa informação". E você está correto ao pensar desse jeito porque esse relatório que o sistema nas organizações oferece nada mais é do que uma Folha de Verificação eletrônica. O mais importante é o próximo passo que é o que o gestor irá fazer com essa informação que ele levantou, seja via sistema, planilha ou editor de texto.

Voltando ao nosso problema do capítulo anterior vimos que a empresa enfrenta alguns problemas internos que precisam ser resolvidos. A Squad – Qualidade decidiu que deveria ser levantado quais os problemas da empresa e a quantidade de vezes que eles apareceram para que ela pudesse dar direcionamento ao que será feito para eliminá-los.

Foi decidido que você junto com mais dois membros da equipe ficaria responsável por fazer esse levantamento via sistema e que deveria ser exportado para uma planilha eletrônica para que todos na reunião pudessem ver e analisar. Foi decido que o tempo para o levantamento dos dados seria de seis meses, pois assim teriam informações suficientes para fazer as análises dos dados posteriormente. A próxima reunião está marcada para daqui a uma semana e você junto com os demais membros deverão apresentar o que foi solicitado.

Chegou o momento de apresentar os resultados e você junto com os demais membros conseguiram levantar via sistema as informações e transferiram os resultados para uma planilha eletrônica em forma de Folha de Verificação, conforme pode ser observado na Figura 6.

Figura 6 – Problemas Internos da Empresa no período de seis meses

Problemas internos da empresa		Período: últi- mos 6 meses
Problemas	Quantidade de vezes que houve reclamação	
Demora no carregamento da Expedição	75	
Demora para liberação da NF	50	
Demora no retorno do comercial	35	
Pedido entregue incompleto	15	
Peças com avarias	15	
Demora para receber os pedidos da Rota	15	
Cobrança indevida	10	
Pedido foi trocado para o cliente	70	
Pedido faturado errado	10	
Outros	5	
Total	**300**	

Fonte: (Elaborado pelo próprio autor, 2022)

Ao analisar os dados coletados é possível observar que a empresa apresentou 300 reclamações, dentre elas podemos destacar:

- Problemas com carregamento na expedição – 75 ocorrências;
- Cliente recebeu pedido trocado – 70 ocorrências;
- Atraso na liberação de Nota Fiscal – 50 ocorrências;
- Atraso no retorno do comercial – 35 ocorrências.

Somando esses quatro problemas podemos perceber que eles totalizam 76% dos problemas atuais da empresa. Ao mostrar esses dados na empresa gerou muita discussão e comentários, cada um tinha uma opinião diferente para cada um dos problemas apresentados e ali mesmo já queriam dar uma solução para cada um deles.

Muito cuidado nessa hora porque sabemos que quando temos um problema já queremos propor o mais rápido possível uma solução para ele sem analisar os efeitos que podem ser gerados após certas mudanças. Lembrem-se do PDCA nós precisamos primeiramente trabalhar o "P – Planejamento" para depois executarmos.

Algumas perguntas ainda necessitam de respostas que não poderão ser dadas nesse momento como, por exemplo:

- Qual a causa raiz desses problemas?
- Quem irá executar cada uma das soluções propostas?
- Quais são as soluções?
- Quanto irá custar?
- Quantos problemas iremos conseguir resolver?

Essas são algumas das perguntas que podem ser feitas e que não tem como responder nesse momento porque ainda faltam informações e necessita de mais tempo e mais estudos para conseguir resolver. O que ficou claro foi que os problemas estão concentrados na área Comercial, Nota Fiscal e Expedição, portanto, devem ser tratados de forma separada para resolução deles.

O próximo passo é determinar quais problemas serão resolvidos primeiro e quais serão deixados para uma próxima oportunidade, acredito que muitos de vocês inicialmente não concordariam com essa fala porque se entende que todos os problemas devam ser dados uma solução. A princípio sim, mas lembre-se qualidade precisa de foco e qualidade custa recursos como dinheiro e pessoas. Não é possível ter uma equipe destinada a resolver todos os problemas de uma vez porque acaba que se perde o foco e não resolve nenhum deles.

Então qual resolver? Para responder a essa pergunta é necessário utilizar uma próxima Ferramenta da Qualidade que é o Diagrama de Pareto, essa ferramenta será tratada no próximo capítulo desse livro.

A próxima reunião foi marcada para daí a dois dias em que a mesma equipe, que levantou os problemas, deverá trazer quais problemas deverão ter prioridade e o porquê da escolha deles.

CAPÍTULO 4.2:

DIAGRAMA DE PARETO

A segunda Ferramenta da Qualidade a ser tratada é o Diagrama de Pareto, que foi desenvolvido pelo economista Italiano Vilfredo Pareto no ano de 1800 para decisões relacionadas ao controle de qualidade. O famoso Princípio de Pareto conhecido como 80/20 tem seu nome em detrimento de 80% dos defeitos estarem relacionados a 20% das causas, mas o interesse quando se usa essa ferramenta não é encontrar a proporcionalidade exata e sim entender que os defeitos estão relacionados a poucas causas, (CRAVENER; ROUSH; JORDAN, 1993).

Essa ferramenta é bastante utilizada, por exemplo, os autores Cravener; Roush; Jordan (1993) escreveram em seu artigo com tradução para o português "Avaliação de Pareto do Controle de Qualidade em Plantas de Processamento de Aves" que utilizaram a ferramenta para analisar os problemas de carcaças de frango após o processo de corte e resfriamento e foram identificados 19 defeitos na qualidade da carcaça.

Outro autor que utilizou o Diagrama de Pareto foi A Erdil (2019), em seu artigo com nome traduzido para o português "Uma avaliação do ciclo de vida dos produtos na indústria têxtil da Turquia por meio da implantação da função de qualidade e análise de Pareto" onde ele utiliza a ferramenta para mostrar quais são as características técnicas mais importantes para atender aos requisitos de seus clientes.

Ele é usado para identificar as 20% das causas que estão gerando 80% dos problemas ou resultados. É uma representação gráfica de uma lista de problemas, ordenados de acordo com a sua importância ou frequência, que ajuda a priorizar ações de melhoria. É amplamente utilizado em processos de otimização e na gestão de projetos para alcançar resultados mais efetivos e eficientes.

Alguns exemplos de utilização do Diagrama de Pareto em empresas incluem:

- Análise de falhas de produção: uma empresa pode utilizar o diagrama para identificar as principais causas de falhas em sua linha de produção e priorizar ações para corrigi-las.
- Análise de queixas de clientes: uma empresa pode usar o diagrama para avaliar as principais queixas de seus clientes e priorizar ações para resolvê-las.
- Análise de gastos: uma empresa pode usar o diagrama para identificar as principais categorias de despesas e priorizar ações para reduzi-las.
- Análise de vendas: uma empresa pode usar o diagrama para identificar os principais produtos ou serviços que estão gerando a maior parte de suas receitas e priorizar ações para aprimorá-los.

O Diagrama de Pareto segue alguns princípios básicos para sua criação como pode ser observado na Figura 7.

Figura 7 – Exemplo – Diagrama de Pareto

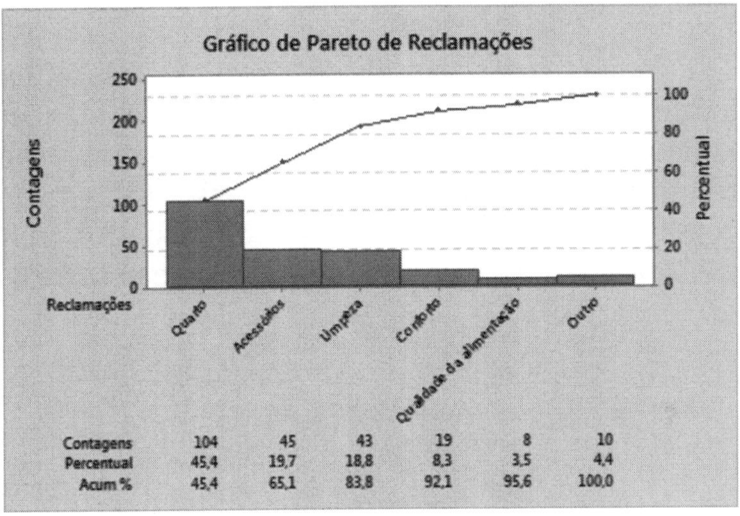

Fonte: (COPYRIGHT © 2022 MINITAB, 2022)

O eixo (y) à esquerda do gráfico está relacionado com a frequência absoluta dos dados, o eixo (y) à direita está relacionado com a porcentagem acumulada dos dados e por fim o eixo (x) está relacionado com a categoria dos defeitos estudados. Para alcançar tal resultado necessário ter inicialmente os dados tabulados, por isso a ferramenta Folha de Verificação deve ser elaborada primeiro.

Para se elaborar o gráfico pode utilizar uma planilha eletrônica ou algum software estatístico que já tenha esse Diagrama incorporado, o intuito desse livro não é ensinar o passo a passo para elaboração e sim mostrar as ferramentas e como deve ser aplicada e analisada. Para aqueles que não conhecem como montar um diagrama basta acessar a internet que lá constam vídeos explicativos de como realizar cada etapa e é importante praticar porque não é um gráfico intuitivo e pode causar dúvidas e erros na hora de sua elaboração.

Voltando ao nosso estudo de caso vimos que faltava montar o Diagrama de Pareto que seria apresentado na reunião dentro de dois dias. Chegou o dia de apresentar o Diagrama. Para a construção desse Diagrama foi necessário acrescentar algumas informações na Folha de Verificação como pode ser observado na Figura 8.

Figura 8 – Folha de verificação modificada

Problemas internos da empresa			
Problemas	Quantidade de vezes que houve reclamação	%	% Acumulada
Demora no carregamento da Expedição	75	25%	25%
Pedido foi trocado para o cliente	70	23%	48%
Demora para liberação da NF	50	17%	65%
Demora no retorno do comercial	35	12%	77%
Pedido entregue incompleto	15	5%	82%
Peças com avarias	15	5%	87%
Demora para receber os pedidos na Rota	15	5%	92%
Cobrança indevida	10	3%	95%
Pedido faturado errado	10	3%	98%
'Outros	5	2%	100%
Total	**300**	**100%**	

Fonte: (Elaborado pelo próprio autor, 2022)

Como pode ser observado foi criada mais duas colunas a de porcentagem (%) e a porcentagem acumulada (% Acumulada). Reparem que nos dois casos os valores devem apresentar o total de 100% caso não apresente esse valor, você deve revisar novamente os dados porque algum erro pode ter sido cometido e outro ponto importante os dados devem estar em ordem decrescente.

Para criação do Diagrama de Pareto são necessárias três informações:

- Problemas;
- Quantidade de vezes que houve a reclamação (Frequência do evento);
- % Acumulada.

Diante dessas informações é possível construir o Diagrama de Pareto, a maioria das planilhas eletrônicas já trazem um Gráfico de Pareto, bastando apenas acrescentar os dados como pode ser visualizado na Figura 9.

Figura 9 – Diagrama de Pareto – Problemas Internos

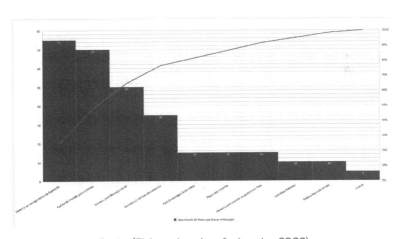

Fonte: (Elaborado pelo próprio autor, 2022)

A Squad – Qualidade ao ver os dados apresentados por vocês ficou bastante satisfeita com as informações porque ficou mais claro o que deveria ser feito dali em diante. Todos opinaram a respeito das informações apresentadas e fizeram comentários elogiando a ferramenta, que ela é simples e eficaz.

Chegou o momento de analisar as informações e compartilhar com você caro leitor, o que foi visto e entendido pela equipe. Ao analisar o Pareto eles perceberam que deveriam tratar os quatro problemas que tiveram maiores reclamações que foram:

1. Demora no carregamento da Expedição;
2. Pedido Trocado para o cliente;
3. Demora para liberação da NF;
4. Demora no retorno do comercial.

Por coincidência tratar esses quatro problemas a empresa resolverá em torno de 80% dos problemas totais dela, aqui vale ressaltar algumas informações importantes. Ela poderia optar por resolver menos problemas? Sim, poderia decidir resolver apenas os três primeiros já que ela está começando agora a ter essa iniciativa, menos que isso não seria vantajoso e mais que quatro problemas também não seria porque demandaria muito foco e recursos para resolução. Outra pergunta importante, conhecemos a causa raiz dos problemas? A resposta é não, o que nos conhecemos são as consequências, mas a causa raiz do problema toda via é desconhecida. A empresa sabe que deverá focar em três áreas: comercial, expedição e Nota Fiscal.

O próximo passo é descobrir a causa raiz do problema e para isso é necessário Trabalhar com Ishikawa ou Espinha de Peixe. Como a Squad precisa se preparar para trabalhar com três setores diferentes irá participar também um membro da Gestão de Recursos Humanos para que possa acompanhar o que foi proposto na reunião e para ser uma pessoa mediadora caso haja conflito.

É sempre bem-vinda nas reuniões a participação de Gestores de Recursos Humanos, comumente chamado por muitos de RH ou departamento de pessoal, porque são funcionários neutros que podem auxiliar na condução da reunião e fazer intervenções quando necessário.

A próxima reunião com os resultados foi marcada para daqui a quatro semanas e nessa reunião deverá ser mostrado a causa raiz para cada um dos problemas.

REFERÊNCIAS

COPYRIGHT © 2022 MINITAB, LLC. All rights Reserved. **Fundamentos do gráfico de Pareto**. 2022. Suporte ao Minitab 21. Available at: https://support.minitab.com/pt-br/minitab/21/help-and-how-to/quality-and-process-improvement/quality-tools/supporting-topics/pareto-chart-basics/. Accessed on: 12 Oct. 2022.

CRAVENER, T. L.; ROUSH, W. B.; JORDAN, H. **Pareto Assessment of Quality Control in Poultry Processing Plants**. Journal of Applied Poultry Research, vol. 2, nº 3, p. 297-302, Oct. 1993. DOI 10.1093/japr/2.3.297. Available at: http://dx.doi.org/10.1093/japr/2.3.297.

CAPÍTULO 4.3:

ISHIKAWA, DEBATE, 5 PORQUÊS

As Ferramentas da Qualidade nesse capítulo são tratadas em conjunto, porque elas funcionam melhor juntas do que separadas, mas podem ser usadas individualmente dependendo da situação que se quer trabalhar. A primeira das três ferramentas é o *Brainstorming*, também chamado de tempestade de ideias ou uma tradução que gosto mais que seria debate.

É uma ferramenta simples de ser usada e que traz muitos resultados, é bastante utilizada por departamentos de marketing ou de criação de produtos. Ela consiste em uma reunião a cerca de um assunto e os participantes deveram debater e dar ideias para aquilo que se está estudando, a única atitude que é terminantemente proibida é de criticar a ideia do colega que está explanando porque caso a pessoa faça isso inibirá a outra pessoa de falar e inibirá outros participantes de opinarem sobre determinado assunto, por mais absurda que a ideia do participante possa parecer nunca deve ser criticada.

Os autores Kaeri *et al.*, (2020) publicaram um artigo com título traduzido para o português "Gestão de sistemas de suporte para *brainstorming* distribuído baseado em agentes" onde os autores desenvolvem um sistema de IoT para suportar varias seções de *brainstorming* permitindo que o sistema seja adaptável a ambientes e requisitos.A segunda ferramenta desse conjunto é o Diagrama de Ishikawa, também conhecido como Espinha de Peixe ou 6M, ela busca identificar as causas para um determinado efeito e faz isso utilizando de aspectos que podem levar a ocorrência do problema. Essa metodologia foi criada na década de 1960 por Kaoru Ishikawa ela é umas das Ferramentas da Qualidade mais utilizadas por permitir a identificação do problema (JEISON, 2018).

Ela recebe o nome de espinha de peixe devido o seu formato na hora de desenhar lembrar um peixe e os 6M está relacionando com os seis principais aspectos que estão relacionados com as causas dos problemas que são: método, mão de obra, material, medida meio ambiente e máquinas, como pode ser observado na Figura 10.

Figura 10 – Exemplo de Diagrama Espinha de Peixe

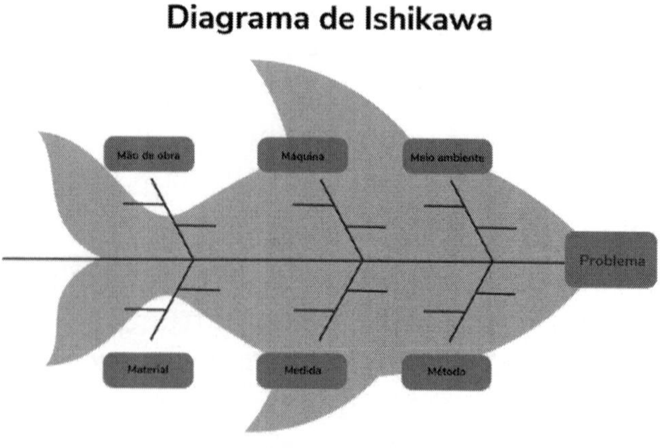

Fonte: (SANTOS, 2022)

Muitos de vocês leitores podem estar se perguntando como utilizar essa ferramenta, não se preocupem que no momento de retornarmos o estudo de caso nesse capítulo iremos falar como ela foi utilizada, seguindo os passos. É importante salientar duas coisas:

I. Não é obrigatório preencher todos os 6Ms, eles são um norte para ajudar quem está elaborando;

II. Podem ser usadas outras palavras para substituir o 6Ms como Funcionário, por exemplo.

Os autores Pal *et al.*, (2020) publicaram um artigo com tradução para o português "Estudo retrospectivo sobre o desempenho do dispositivo de verificação de constância no monitoramento de feixe Linac usando Controle Estatístico de Processo" onde utilizam do controle estatístico de processo denominado CEP, junto com Ishikawa para avaliação de desempenho da qualidade da maquina de radioterapia.

Por fim e não menos importante a última ferramenta desse trio é os 5 porquês criada na década de 1930 por Sakichi Toyoda fundador da empresa Toyota. Essa técnica é bem popular devido sua simplicidade e seu alto grau de resposta. Essa técnica consiste em fazer 5 vezes a pergunta por quê? para o problema que está estudando e quando a pessoa que responde não consegue mais fornecer uma resposta é sinal que você chegou à causa raiz do problema e é esse problema que deve ser tratado. Na maioria dos casos quando se está no terceiro por quê já é possível ter ali a causa raiz para o problema.

Os autores Karningsih; Anggrahini; Syafi'i, (2015) publicaram um artigo com tradução para o português "Avaliação de implementação de engenharia simultânea: um estudo de caso em uma empresa de manufatura da Indonésia". Nesse estudo eles utilizam a ferramenta dos 5 porquês para identificar a causa raiz da implementação da Engenharia Concorrente também denominada (CE) em uma organização na Indonésia.

Após vermos cada uma dessas três ferramentas iremos entender como elas podem trabalhar em conjunto para identificar a causa raiz dos problemas de modo que as organizações possam conhecer os verdadeiros problemas e posteriormente propor uma solução para eles.

Relembrando o nosso estudo de caso, a empresa queria entender os problemas que estavam lhe afetando para assim poder dar uma solução para eles. Foi criado a Squad – Qualidade e eles conseguiram por meio das Ferramentas da Qualidade levantar a quantidade de problemas que eles tinham e qual setor elas pertenciam (Folha de Verificação), posteriormente determinaram quais problemas apresentavam maior representatividade e que deveriam ser resolvidos primeiro (Diagrama de Pareto), chegou à conclusão que iriam ser tratados os quatro problemas principais e que os resultados para causa raiz seriam levados para próxima reunião dentro de quatro semanas.

Foi definido nessa última reunião que seriam tratadas em cada uma das semanas os seguintes problemas:

- Semana 1 – Demora no carregamento da Expedição;

- Semana 2 – Pedido Trocado para o cliente;
- Semana 3 – Demora para liberação da NF;
- Semana 4 – Demora no retorno do comercial.

No fim da última semana deveria ser apresentado os resultados para Squad – Qualidade.

SEMANA 1

Chegou o dia da primeira reunião para levantar a causa raiz do problema "Demora no Carregamento da Expedição". Nesse dia foram chamados quatro funcionários da Expedição para que pudessem ajudar a equipe a levantar o problema ou problemas que estavam ocorrendo na expedição que interferia no carregamento do cliente e por consequência atrasava os demais carregamentos.

Dentre os funcionários estava o coordenador da expedição, pois ele tinha maior conhecimento da área e poderia relatar com maior precisão os problemas. Foi explicado para os demais membros como iria funcionar a reunião:

- Todos os participantes poderão contribuir com alguma ideia caso desejem;
- Nenhuma ideia pode ser criticada apenas questionada com porquês;
- Tempo total para atividade não pode ultrapassar dos 60 minutos;
- Cada vez que o funcionário relatar uma possível causa para o problema deverá ser questionado o porquê de aquilo ocorrer (usando os 5 porquês);

- Para cada problema raiz encontrado deverá ser alocado em um dos 6M;
- Uma pessoa deverá ficar responsável por anotar tudo;
- A pessoa de Gestão de Recursos Humanos deverá fazer a ata da reunião.

O primeiro a relatar foi o coordenador da Expedição e você caro leitor poderá ver o que ele relatou:

Relato do Coordenador da Expedição:

Pergunta: Por que existe uma demora no carregamento dos pedidos dos clientes que vem retirar a mercadoria?

Resposta: A demora se deve ao fato da mercadoria não está separada previamente.

Pergunta: Por que a mercadoria não está separada previamente?

Resposta: Porque não recebemos o relatório com 24 horas de antecedência que é o prazo mínimo para conseguirmos separar a mercadoria.

Pergunta: Por que não recebem o relatório com antecedência?

Resposta: Porque o departamento comercial não envia o relatório com essa antecedência.

> **Pergunta:** Por que eles não enviam antecipadamente?
>
> **Resposta:** Não sei lhe dizer, teria que ver com o comercial.

Percebam que nesse momento nos temos uma causa raiz e temos também um novo problema:

- Causa raiz – O relatório não é enviado com 24 horas de antecedência para expedição;
- Novo problema – Por que o relatório não é enviado com 24 horas de antecedência?

Um colaborador da expedição perguntou se podia falar, porque ele acreditava que além desse problema existia um outro também. Foi lhe dado a vez e lhe feito a mesma pergunta inicial. Vamos ler o que ele tem a nos dizer:

> **Relato do Funcionário da Expedição:**
>
> **Pergunta:** Por que existe uma demora no carregamento dos pedidos dos clientes que vem retirar a mercadoria?
>
> **Resposta:** Porque muitas peças que estão no relatório não estão prontas e o cliente fica aguardando as peças ficarem prontas e atrasa o carregamento.
>
> **Pergunta:** Por que as peças não estão prontas?
>
> **Resposta:** Porque elas estão ainda na data de produção e deveram ficar prontas posteriormente em outra data.

> **Pergunta:** Por que essas peças que não estão prontas e não estão ainda na data de ficarem prontas estão no relatório?
>
> **Resposta:** Não sei lhe dizer teria que verificar com comercial.

Percebam que nesse momento nos temos uma outra causa raiz e temos também um novo problema que está ligado ao departamento comercial:

- Causa raiz – Peças que não estão prontas estão no relatório dos clientes para serem carregadas;
- Novo problema – Por que o comercial coloca peças que não estão prontas no relatório do cliente?

Perguntaram se tinham mais alguma informação que gostaria de compartilhar e eles alegaram que não, pois esses eram os principais problemas que eles enfrentavam no momento do carregamento com cliente e que muitos deles ficavam nervosos e reclamavam da demora do serviço.

A equipe decidiu que essas duas causas raízes se encaixavam no "Método" dentro do Diagrama de Pareto devido a uma questão de procedimento que precisava ser revisada. Foi acordado que deveriam fazer uma reunião com Departamento Comercial para entender duas questões que não puderam ser respondidas:

I. Por que o relatório não é enviado com 24 horas de antecedência?

II. Por que o comercial coloca peças que não estão prontas no relatório do cliente?

A equipe de qualidade se reuniu com comercial a tarde para entender os dois pontos levantados e perceberam que era uma questão de metodologia que precisava ser revista e adequada. Como ainda não estamos tratando de soluções as ações para cada um dos problemas levantados será vista no próximo capítulo.

SEMANA 2

Na segunda semana foi a vez de outra equipe fazer o levantamento do problema raiz ou problemas para Pedido Trocado para o cliente. Ao irem estudar esse caso foram convidados o coordenador da produção, da expedição, a coordenadora do comercial e um funcionário de cada uma dessas áreas.

As mesmas regras que haviam sido estipuladas para semana um foram mantidas para essa segunda semana. A coordenadora de vendas explicou na reunião que muitos clientes estavam insatisfeitos, pois receberam mercadorias trocadas, que pertenciam a outros clientes e que isso estava gerando muito estresse, pois o cliente tinha que entrar em contato, mandar fotos, aguardar a localização de seu produto para receber posteriormente.

Foi perguntado quem queria se manifestar a respeito do assunto e o Coordenador da Expedição falou que iria falar, segue o relato dele:

Relato do Coordenador da Expedição:

Pergunta: Por que os pedidos estão indo trocados para o cliente?

Resposta: Porque o funcionário responsável por fazer a carga é novato e confundiu os nomes.

Pergunta: Por que ele está confundindo os nomes?

Resposta: Porque ele começou a duas semanas na empresa e não teve treinamento.

Pergunta: Por que não foi dado o treinamento para ele?

Resposta: Porque o funcionário que ele iria substituir foi demitido antes do treinamento.

Pergunta: Por que ele foi demitido antes do treinamento?

Resposta: Não sei lhe informar.

Percebam que nesse caso temos duas causas raízes que necessitam de uma solução, um a curto prazo e outro a longo prazo. O de curto prazo se refere a dar o treinamento para esse funcionário que não recebeu. O de longo prazo está relacionado com o fato de o desligamento ter ocorrido antes de ter uma pessoa apta no setor para trabalhar. Eles decidiram classificar o primeiro problema dentro de "Método" devido não haver um treinamento e o segundo a "Pessoas".

O coordenador da produção também falou que tinha um outro problema que poderia estar causando essas trocas de pedido e pediu também para falar.

Relato do Coordenador da Produção:

Pergunta: Por que os pedidos estão indo trocados para o cliente?

Resposta: Porque o responsável por etiquetar a mercadoria etiquetou errado algumas vezes.

Pergunta: Por que ele está etiquetando errado?

Resposta: Porque o procedimento de etiquetagem estava muito confuso e ele confundiu o que deveria ser feito.

Pergunta: Por que o POP estava confuso?

Resposta: Porque quem elaborou ele fez da própria cabeça e a pessoa não trabalha mais na empresa. Recolhemos o documento e explicamos o que deve ser feito, mas nem sempre é a mesma pessoa que executa a tarefa por conta de remanejamento interno.

Nesse segundo caso também podemos observar duas causas raízes. Primeira delas se refere ao POP (O Procedimento Operacional) do setor que estava errado e foi classificado dentro do Diagrama de Ishikawa no grupo de "Material". O segundo se refere aos funcionários que executam a tarefa e não possuem um treinamento padrão e foi classificado no grupo "Método".

Diante das informações coletadas o grupo se deu por satisfeito e ninguém mais tinha nada para ser acrescentado a reunião.

SEMANA 3

Na terceira semana foi a vez da equipe fazer o levantamento do problema raiz ou problemas para Demora para liberação da NF. Ao irem estudar esse caso foram convidados o gerente do setor comercial, o funcionário responsável pela emissão de Nota Fiscal e a Coordenadora do setor Financeiro que é responsável por esse funcionário. Foi dito para eles o mesmo que para os outros dois grupos nas semanas anteriores. O funcionário responsável pela emissão de NF pediu para relatar o problema, vamos acompanhar o que foi levantado:

Relato do Funcionário responsável pela emissão da NF

Pergunta: Por que existe uma demora para liberação da NF?

Resposta: Porque os dados dos clientes para emissão da NF não estão disponíveis quando vou gerar a nota.

Pergunta: Por que esses dados cadastrais dos clientes não estão disponíveis?

Resposta: Porque o comercial não os preenche no sistema com antecedência.

> **Pergunta:** Por que eles não são preenchidos com antecedência?
>
> (Nesse momento o gerente do comercial pediu para prosseguir daquele ponto já que o funcionário não saberia responder)
>
> **Resposta:** Porque o cliente ao fazer o pedido muitas vezes não passa seus dados completos e muitas vezes os vendedores não solicitam no ato do pedido.
>
> **Pergunta:** Por que os vendedores não solicitam no ato do pedido?
>
> **Resposta:** Porque não temos nenhum procedimento que trate desse assunto e com isso muitos acabam esquecendo ou deixando para última hora.

Nesse terceiro caso podemos perceber que a própria resposta no final do gerente comercial é a causa raiz do problema que é não terem um procedimento padrão para alimentar o sistema com os dados do cliente para emissão de NF e foi classificado dentro de "Método", lembre-se caro leitor estamos falando de uma indústria e nesse caso a Nota Fiscal não é o cupom fiscal que é aquele recibo que você recebe no ato de pagar a mercadoria. Como não havia nenhum ponto a mais a ser tratado na reunião ela foi dada como encerrada.

SEMANA 4

Na quarta e última semana antes da apresentação dos resultados foi a vez de fazer a reunião seguindo os mesmos preceitos das reuniões anteriores. Dessa vez o setor a ser tratado era do comercial para verificar "Demora no retorno do comercial". Foram convidados a Coordenadora do Comercial, o Gerente e mais três funcionários do setor.

Um dos funcionários sugeriu começar e qualquer um dos outros participantes poderia auxiliar já que era um problema comum de todos eles, a Coordenadora junto com o Gerente concordaram com a ideia proposta.

Relato do Vendedor Comercial

Pergunta: Por que existe uma demora no retorno do comercial?

Resposta: Porque fazemos o lançamento de muitos pedidos dos clientes e deixamos para fazer o orçamento no fim da tarde e muitas vezes não sobra tempo de finalizar todos.

Pergunta: Por que deixam o orçamento para o final da tarde?

Resposta: Porque como estamos com um funcionário a menos que foi desligado da empresa optamos por fazer todos os lançamentos primeiros e depois fazemos os orçamentos. Essa decisão foi tomada em comum acordo com a Coordenação.

> **Pergunta (destinada à Coordenadora):** Por que não foi contratado nenhum funcionário para o setor comercial?
>
> **Resposta:** Porque o nosso Gerente pediu para trabalharmos com um funcionário a menos para reduzirmos os custos internos do setor.

Diante dessas informações percebemos que o setor Comercial aparenta estar sobrecarregado de demandas e que a falta de um funcionário pode ser a causa raiz do problema. Decidiram também que essa causa raiz se encaixaria dentro de "Mão de Obra".

Agora de posse de todas as informações e da origem dos problemas da empresa os grupos que foram formados se reuniram para apresentar suas informações coletadas e montar a apresentação para Squad – Qualidade para reunião que terão no fim da semana para apresentar todos os resultados e decidir o próximo passo.

SEMANA 4 – REUNIÃO

Chegou o dia da reunião e todos os membros da Squad – Qualidade se reuniram para verificar quais eram de fatos as causas raízes. Cada equipe fez sua explanação do que havia ocorrido em cada uma das reuniões (foi apresentado o mesmo que você caro leitor viu acima) e foi apresentado o Diagrama de Pareto para cada um dos problemas listados como pode ser observado nas Figuras 11, 12, 13 e 14.

Figura 11 – Diagrama de Ishikawa – Demora no carregamento da Expedição

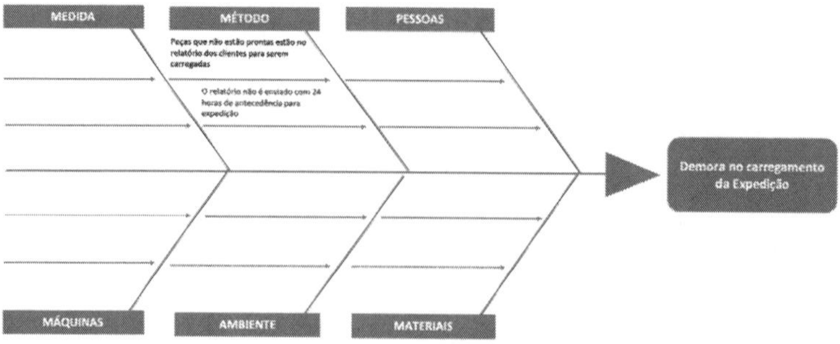

Fonte: (Elaborado pelo próprio autor, 2022)

Figura 12 – Diagrama de Ishikawa – Pedido trocado para o cliente

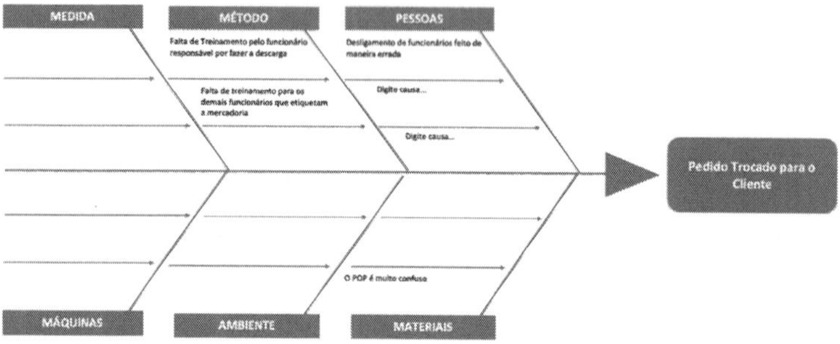

Fonte: (Elaborado pelo próprio autor, 2022)

Figura 13 – Diagrama de Ishikawa – Demora para liberação da NF

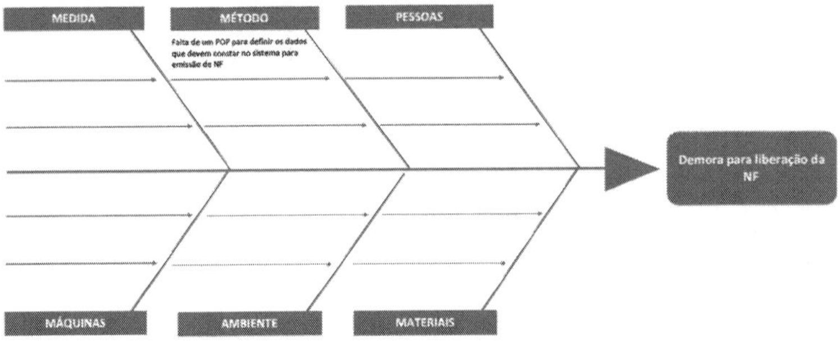

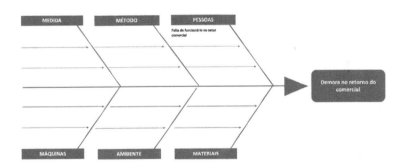

Fonte: (Elaborado pelo próprio autor, 2022)

Figura 14 – Diagrama de Ishikawa – Demora no retorno do comercial

Fonte: (Elaborado pelo próprio autor, 2022)

Após todos os levantamentos a Squad – Qualidade ficou muito satisfeita com os resultados, perceberam que tinham oito causas raízes para serem resolvidas em departamentos diferentes. Foi decidido que na próxima reunião que ocorreria na outra semana deveria ser levado a resolução para cada uma dessas causas para que pudessem ser analisadas e verificadas.

No próximo capítulo será abordado justamente a última ferramenta desse conjunto que irá permitir acompanhar o que será feito e por quem será feito.

REFERÊNCIA

JEISON. Diagrama de Ishikawa. 2018. **Blog da Qualidade.** Available at: https://blogdaqualidade.com.br/diagrama-de-ishikawa-2/. Accessed on: 23 Oct. 2022.

KAERI, Yuki; SUGAWARA, Kenji; MOULIN, Claude; GIDEL, Thierry. Agent-based management of support systems for distributed brainstorming. **Advanced Engineering Informatics**, vol. 44, n° October 2019, p. 101050, Apr. 2020. DOI 10.1016/j. aei.2020.101050. Available at: https://doi.org/10.1016/j. aei.2020.101050.

KARNINGSIH, Putu Dana; ANGGRAHINI, Dewanti; SYAFI'I, Muhammad Imam. Concurrent Engineering Implementation Assessment: A Case Study in an Indonesian Manufacturing Company. **Procedia Manufacturing**, vol. 4, n° Iess, p. 200-207, 2015. DOI 10.1016/j.promfg.2015.11.032. Available at: http://dx.doi. org/10.1016/j.promfg.2015.11.032.

PAL, Bipasha; PAL, Angshuman; DAS, Suresh; PALIT, Soura; SARKAR, Papai; MONDAL, Subhayan; MALLIK, Suman; GOSWAMI, Jyotirup; DAS, Sayan; SEN, Arijit; MONDOL, Monidipa. Retrospective study on performance of constancy check device in Linac beam monitoring using Statistical Process Control. **Reports of Practical Oncology & Radiotherapy**, vol. 25, n° 1, p. 91-99, Jan. 2020. DOI 10.1016/j.rpor.2019.12.004. Available at: https://doi. org/10.1016/j.rpor.2019.12.004.

SANTOS, GUILHERME. Diagrama de Ishikawa: O Que é, Para Que e Como Usar em Sua Empresa. 2022. **Automação Industrial.** Available at: https://www.automacaoindustrial.info/diagrama-de-ishikawa/. Accessed on: 23 Oct. 2022.

CAPÍTULO 4.4:

5W2H

Caro leitor, se você chegou até esse ponto você percorreu basicamente todo o ciclo do PDCA utilizando as Ferramentas da Qualidade para resolução de problemas. Nos vimos lá no início a primeira delas que foi a Folha de Verificação, usada para fazer as coletas de dados (voltaremos a falar dela novamente quando formos abordar o Histograma). Posteriormente utilizou o Diagrama de Pareto a fim de verificar a representatividade dos problemas perante o todo, depois vimos três ferramentas trabalhando juntas que foram *Brainstorming*, Diagrama de Ishikawa e 5 por quês, pois elas em conjunto permitiram chegar a(s) causa(s) raiz do(s) problema(s) e por fim veremos a última dessas ferramentas que é o 5W2H que é utilizado para monitorar e controlar cada uma das ações propostas.

Essa ferramenta tem sua origem no Japão no setor automobilístico e foi associada aos processos de Qualidade Total. Ela é constituída de cinco palavras começadas com a letra W e duas com H que são:

- *What* – O que será feito? – Nesse campo é descrito o que deve ser feito de forma detalhada para não gerar dúvidas;
- *Why* – Por que será feito? – Esse campo é a justificativa do item anterior e caso ela não seja bem justificada todo o plano de ação tende a fracassar;

- *Where* – Onde será feito? – Nesse campo é preenchido o local, setor onde será feito alguma intervenção;
- *When* – Quando será feito? – Esse campo fala em prazo e para um bom plano de ação deve ter a data de início e a data de conclusão;
- *Who* – Por quem será feito? –Esse campo define qual pessoa que irá executar o que foi proposto logo no começo e para ser bem eficiente deve ser colocado o nome da pessoa e não o setor;
- *How* – Como será feito? – Aqui é detalhar a metodologia usada ou as ações tomadas para executar o plano de ação;
- *How Much* – Quanto custará? – Aqui é definido o valor de tudo o que será feito é muito importante colocar esse valor e caso não tenha esse valor exato é preferível colocar um valor próximo, mas que seja realista.

Ao responder essas sete perguntas, é possível ter uma visão clara e detalhada do que precisa ser feito, por quem, quando, onde e com que recursos. O 5W2H é uma ferramenta útil para aprimorar a eficiência e efetividade em projetos e processos empresariais. Ele pode ser construído dentro de uma planilha, o importante é preencher de maneira correta e assertiva cada um dos pontos listados acima porque eles que irão garantir que o plano de ação terá eficácia e poderá ser usado para verificar se aquilo que foi planejado está sendo executado de maneira correta.

Para que vocês possam ter como exemplo sua utilização, os autores Vaquero *et al.*, (2021) fez uma publicação com título em português "Sete perguntas no manejo das vias aéreas da COVID-19: 5W2H" onde os autores criam uma tabela usando a Ferramenta 5W2H para serem usadas pelos médicos na questão da COVID-19.

Chegou o dia reunião da Squad – Qualidade todos estavam presentes nessa reunião para verem o que foi proposto para resolver as oito causa raízes referentes aos problemas que eles haviam levantado. A responsável por fazer a planilha de 5W2H mostrou o que seria feito, quando, quanto custaria e o motivo de cada atividade como pode ser observado na Figura 15.

Figura 15 – 5W2H

			5W2H				
What O que será feito?	**Why** Por que será feito?	**Where** Onde será feito?	**When** Quando Será feito?	**Who** Por quem será Feito?	**How** Como será Feito?	**How Much** Quanto Custará?	
Emitir apenas relatórios dos pedidos prontos para serem expedidos	Pedidos que não estão prontos estão no relatório dos clientes para serem carregados	Departamento Comercial	A partir do dia 1 de dezembro de 2022	Por todos os vendedores que trabalham no departamento comercial	O relatório será emitido dentro do sistema da empresa contendo apenas os pedidos prontos	R$ 0,00	
Emitir o Relatório com no mínimo 24 horas de antecedência	Para que a expedição consiga separar os pedidos dos clientes	Departamento Comercial	A partir do dia 1 de dezembro de 2022	Por todos os vendedores que trabalham no departamento comercial	O relatório será emitido dentro do sistema da empresa contendo apenas os pedidos prontos e será entregue a expedição com 24 horas de antecedência	R$ 0,00	
Dar o treinamento para o funcionário responsável por fazer a descarga da mercadoria no cliente	Porque o funcionário trocou os pedidos na hora de descarregar a mercadoria	No setor da Expedição	No dia 2 de dezembro de 09:00 - 12:00	Pela funcionária Cassia do RH	Ela irá ministra o treinamento a respeito de como deve ocorrer o descarregamento de pedidos no cliente	R$ 700,00	
Dar o treinamento para os funcionário responsável por fazer a etiquetagem das peças	Porque pedidos chegaram trocados até os clientes	No setor de Etiquetagem	No dia 3 de dezembro de 09:00 - 12:00	Pela funcionária Roberta do RH	Ela irá ministra o treinamento a respeito de como deve ocorrer a etiquetagem de peças dos clientes	R$ 700,00	
Fazer o desligamento de funcionários somente quando tiver contratado um novo funcionário	Para evitar que funcionários novatos comecem a trabalhar sem o devido treinamento	Dentro da Empresa	A partir do dia 1 de dezembro de 2022	Pelo departamento de Gestão de Recursos Humanos	Quando for acordado que um funcionário deverá ser desligado a empresa irá iniciar o processo de contratação e após o termino, o funcionário do setor x poderá ser desligado	R$ 1.000,00	
Refazer o POP do setor de etiquetagem de mercadorias para o cliente	Porque o POP está confuso e desatualizado gerando dúvidas em quem executa a atividade	No setor de Etiquetagem	Do dia 1 - 9 de dezembro	Pelo funcionário Robson e pela Clara	O setor de etiquetagem junto com setor da qualidade irão reformular o POP afim de torná-lo mais prático e de fácil entendimento	R$ 1.000,00	
Criar um POP para o setor comercial sobre os dados que devem constar na NF	Porque com a falta do POP o departamento de NF atrasa a emissão da NF.	No setor Comercial	Do dia 1 - 9 de dezembro	Pela funcionária Rose e pela Clara	O setor de NF junto com o setor da qualidade irão criar o POP para tornar mais rápida a emissão de NF	R$ 1.000,00	
Contratação de Funcionário para o departamento Comercial	Porque os vendedores estão sobrecarregados	DO setor Comercial	DO dia 5 - 16 de dezembro	Pela funcionária Roberta do RH	O setor de RH irá contratar um funcionário para o departamento comercial da empresa	R$ 3.500,00	

Fonte: (Elaborado pelo próprio autor, 2022)

Ao apresentar os resultados todos ficaram satisfeitos porque puderam perceber como a utilização das Ferramentas ajudou eles a chegar até aquele ponto que era de implementação das soluções propostas. Perceberam também que graças das Ferramentas da Qualidade utilizadas nesse processo permitiu dar uma solução definitiva aos problemas que haviam surgidos junto com suas causas raízes que era a sua origem.

Outro ponto importante que vale ressaltar é a criação da Squad, formar equipes com intuito de resolver problemas é importante porque todos tem a chance de participa podem emitir opinião e contribuir para uma melhor solução do problema.

Depois do 5W2H o passo seguinte é acompanhar o desenvolvimento das ações propostas e se estão sendo cumpridas conforme o prazo estabelecido. Nessa última etapa você está rodando a última etapa do PDCA que é o "A" de Agir naquilo que não deu certo e tornar padrão aquilo que funcionou, por isso caro leitor espero que você tenha conseguido perceber o quão importante são as Ferramentas da Qualidade para resolução de problemas e o quanto elas podem agregar no seu processo com o objetivo de melhorar.

No próximo capítulo continuaremos falando das Ferramentas da Qualidade, mas de forma individual, caso elas são usadas em situações mais específicas do que as listadas até agora, porém nada impede de serem usadas em conjunto com as que vimos até o momento.

REFERÊNCIA

VAQUERO, Miguel Ángel Fernández; REVIRIEGO-AGUDO, Laura; GÓMEZ-ROJO, María; CHARCO-MORA, Pedro. Seven questions in COVID-19 airway management: 5W2H. **Brazilian Journal of Anesthesiology (English Edition)**, vol. 71, nº 2, p. 101-102, Mar. 2021. DOI 10.1016/j.bjane.2020.12.025. Available at: https://doi.org/10.1016/j.bjane.2020.12.025.

CAPÍTULO 5:

FERRAMENTAS COMPLEMENTARES DA GESTÃO

Vimos ao longo dos capítulos anteriores Ferramentas da Qualidade que trabalhadas em conjunto podem auxiliar o gestor na tomada de decisões principalmente na área de solução de problemas mais simples ou um pouco mais complexos.

Vocês também podem ter percebido que essas ferramentas elas têm maior ganho quando trabalhadas em conjunto, pois permitem a identificação do problema, é possível saber a causa raiz dele e acompanhar a solução proposta tudo isso seguindo a ideia proposta pelo PDCA.

A partir de agora veremos outras ferramentas que são usadas para solucionar problemas também ou que possuem como intuito auxiliar o gestor em alguma decisão. Eu decidi colocar elas separadas porque são específicas para determinadas soluções e necessariamente não estão envolvidas dentro do PDCA como as anteriores.

Claro que elas podem ser trabalhadas em conjunto com as anteriores, mas elas não possuem essa dependência igual Ishikawa com 5 por quês, por exemplo, portanto é mais interessante visitar cada uma delas separadamente.

Dentre as inúmeras ferramentas que existem no mercado selecionei algumas que considero de fácil entendimento e fácil aplicação, porque não adianta apresentar Ferramentas complexas que você não poderá usar no seu dia a dia e irá se sentir desmotivado. Posso citar como exemplo o FMEA que é uma excelente ferramenta para propor soluções complexas como "garantir que o carro ao bater a uma velocidade x abra o airbag em 99,99% das vezes". Essa complexidade exige pessoas altamente capacitadas, exige maturidade da organização para lidar com esse tipo de problema e exige treinamento na área.

Outra ferramenta complexa e que não será abordada é a Árvore de Decisão apesar de ter uma metodologia relativamente simples é preciso ter um histórico de ocorrências de falhas para que ela possa ser usada de maneira correta e irá exigir da pessoa uma habilidade em probabilidade estatística que muitos não possuem.

Por esses motivos que decidi que as ferramentas que iremos ver a partir de agora são:

- Fluxograma;
- Diagrama de Gantt;
- Matriz GUT;
- Matriz de Reponsabilidade;
- Histograma.

Essa última ferramenta será tratada de maneira separada porque é necessário adentrar um pouco em estatística por questões de interpretação.

CAPÍTULO 5.1:

FLUXOGRAMA

A primeira ferramenta que será vista é o Fluxograma. Acredito que muitos de vocês leitores já a conheçam, pois se trata de uma representação gráfica onde são utilizadas simbologias universais que se conectam e são usados para representar alguma coisa como um projeto, por exemplo, ou uma sequência logica de atividades.

Ishikawa fez uso considerável dessa ferramenta que ganhou popularidade nos anos vinte e trinta e ela foi adotada como uma das Ferramentas da Qualidade, devido seu poder para controlar a qualidade.

A grande vantagem dessa ferramenta está na sua linguagem universal que facilita a compreensão de todos os participantes independente se falam português, inglês ou alemão, por exemplo. Nas Figuras 16 e 17 é possível observar os principais símbolos usados para criação de um Fluxograma.

Ele é composto por símbolos que representam ações, decisões, entradas e saídas, e mostra o fluxo de informações e a lógica por trás de um processo. O Fluxograma é amplamente utilizado na documentação e visualização de processos, especialmente em áreas como engenharia, produção e gerenciamento de projetos.

Além disso, o Fluxograma é uma ferramenta útil para identificar pontos de melhoria em processos, visualizar o impacto de mudanças, e facilitar a comunicação e o treinamento de equipes. Ele pode ser desenvolvido em vários níveis de detalhamento, desde uma visão geral até uma representação detalhada de todas as etapas e decisões envolvidas.

Alguns exemplos de utilização de Fluxogramas incluem:

- Processos de produção: uma empresa pode utilizar o Fluxograma para visualizar e documentar o processo de produção de um produto, desde a recepção de matérias-primas até a entrega final ao cliente;
- Projetos: uma equipe de projeto pode usar o Fluxograma para planejar e gerenciar as etapas do projeto, identificar pontos de dependência e riscos, e garantir o cumprimento de prazos e orçamentos;
- Processos administrativos: uma empresa pode utilizar o Fluxograma para documentar e melhorar processos administrativos, como o processo de solicitação de férias, aprovação de compras, e elaboração de relatórios;
- Processos de atendimento ao cliente: uma empresa pode usar o Fluxograma para visualizar e melhorar o processo de atendimento ao cliente, incluindo a triagem de ligações, o encaminhamento para o setor adequado, e o fechamento de atendimentos.

Esses são apenas alguns exemplos de como o Fluxograma pode ser utilizado na gestão de processos e projetos, para melhorar a eficiência, efetividade e qualidade dos resultados.

Figura 16 – Simbologia do Fluxograma parte I

Símbolos de fluxogramas	Nome	Descrição
	Símbolo de processo	Também conhecido como "Símbolo de ação", esta forma representa um processo, ação ou função. É o símbolo mais amplamente usado em fluxogramas.
	Símbolo de início/fim	Também conhecido como "Símbolo de terminação", este símbolo representa os pontos iniciais, finais e resultados potenciais de um caminho. Muitas vezes contém "Início" ou "Fim" dentro da forma.
	Símbolo de documento	Representa a entrada ou a saída de um documento, especificamente. Exemplos de entrada são o recebimento de um relatório, um e-mail ou um pedido. Exemplos de saída usando um símbolo de documento são geralmente uma apresentação, um memorando ou uma carta.
	Símbolo de decisão	Indica uma questão a ser respondida, geralmente com sim/não ou verdadeiro/falso. O caminho do fluxograma pode se dividir em diferentes ramificações dependendo da resposta ou das consequências em seguida.
	Símbolo de conector	Geralmente usado em gráficos mais complexos, este símbolo conecta elementos separados em uma página.
	Símbolo de conector/link fora da página	Frequentemente usado em gráficos complexos, este símbolo conecta elementos separados em várias páginas com o número da página normalmente colocado sobre ou dentro da forma para acesso fácil.

Fonte: (INC, 2023)

Figura 17 – Simbologia do Fluxograma parte II

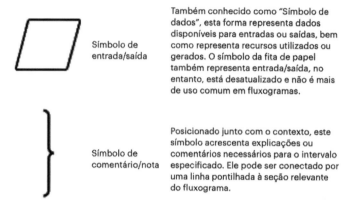

Fonte: (INC, 2023)

Nas Figuras 16 e 17 é possível perceber as principais simbologias para se elaborar um Fluxograma e cada um deles possui um significado específico o que torna fácil a sua leitura. Hoje com uso da tecnologia é possível criar esses diagramas via internet e conectar com os outros usuários, existem sites especializados para sua criação e divulgação. A grande vantagem é que fica padronizado e pode ser armazenado na nuvem e qualquer pessoa pode ter acesso a ele em qualquer parte do mundo, facilitando assim compartilhamento de informações e treinamentos, por exemplo.

As Figuras 18, 19 e 20 mostram outros símbolos usados dentro de um Fluxograma pode se dizer que são simbologias mais avançadas e que são mais fáceis de serem usadas se forem usados algum apps específico para elaboração do desenho.

Figura 18 – Simbologia do Fluxograma avançada parte I

Símbolos adicionais de fluxogramas

Muitos destes símbolos adicionais de fluxogramas são mais bem aproveitados no mapeamento de diagramas de um fluxo de processo para apps, fluxo de usuário, processamento de dados etc.

Símbolos de fluxogramas	Nome	Descrição
	Símbolo de banco de dados	Representa os dados hospedados em um serviço de armazenamento que provavelmente permitirá a pesquisa e filtragem por parte de usuários.
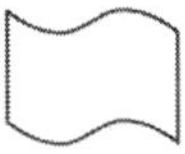	Símbolo de fita de papel	Um símbolo ultrapassado e raramente usado em práticas modernas ou fluxos de processo. No entanto, esta forma pode ser usada se você estiver mapeando processos ou métodos de entrada em computadores muito antigos e máquinas CNC.
	Símbolo de junção de soma	Soma a entrada de vários caminhos convergentes.
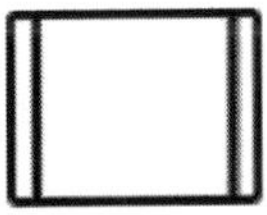	Símbolo de processos predefinidos	Indica um processo ou operação complicada que é bem-conhecido ou definido em outro local.
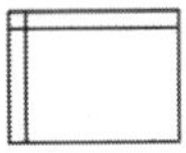	Símbolo de armazenamento interno	Normalmente usado para mapear projetos de software, esta forma indica dados armazenados na memória interna.

Fonte: (INC, 2023)

Figura 19 – Simbologia do Fluxograma avançada parte II

Fonte: (INC, 2023)

Figura 20 – Simbologia do Fluxograma avançada parte III

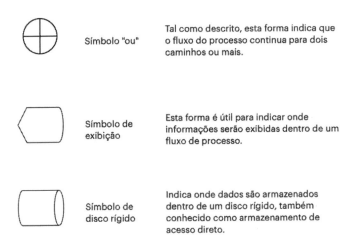

Fonte: (INC, 2023)

É possível observar nas Figuras 18, 19 e 20 a simbologia avançada para quando se deseja criar um Fluxograma, isso permite que essa representação gráfica fique mais próxima da realidade e permite que quem for analisar possa tomar uma decisão mais assertiva.

Quais são as etapas importantes para criação de um Fluxograma? Eu diria que poderia ser separado em três etapas distintas:

1. Definição do processo a ser desenhado – Essa é a etapa primordial porque é necessário conhecer o processo e seus detalhes para que ele possa ser presentado de maneira gráfica. Ideal que se faça primeiro um modelo mais simples e depois vá adicionando elementos gráficos a fim de deixá-lo mais próximo à realidade.

2. Organização em sequência – Cada atividade ou tarefa deve ser organizada em uma sequência logica em forma de tópicos, por exemplo, isso evita erros sequenciais ou esquecimentos de determinada tarefa.

3. Definição da simbologia – Nessa etapa é recomendável consultar as simbologias e atribuir a cada tarefa a simbologia correspondente e depois sugerir que uma pessoa leia para ver se faz sentido aquela sequência de atividades ou não.

Após fazer isso é possível melhorar o processo a qual está sendo desenhado, o Fluxograma é uma ferramenta que permite que você tenha dois ganhos de maneira geral:

- Primeiro está relacionado que você mapeia o processo de forma logica e isso permite que seja usado para treinamentos futuros;
- Segundo que eu considero o ganho mais valioso, você consegue ver problemas nos processos e fazer a partir do desenho propor melhorias a fim de ganhar tempo em determinada atividade como exemplo.

Na Figura 21 é possível observar a aplicação prática do Fluxograma, ele foi utilizado no trabalho dos autores DUTRA *et al.*, (2022) com título em português "A Aplicação de Ferramentas da Área de Gestão de Processos em uma Unidade de Pronto Atendimento (UPA)" onde eles descrevem como é o atendimento de uma UPA por meio de Fluxograma.

CAPÍTULO 5.1

Figura 21 – Fluxograma de uma UPA de atendimento

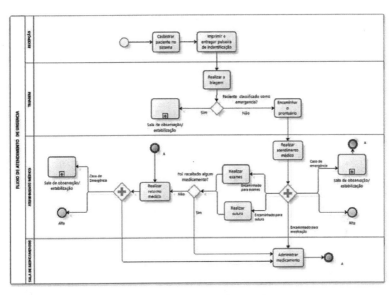

Fonte: (DUTRA *et al.*, 2022)

É possível observar na Figura 21 que o Fluxograma segue uma ordem e que ao passar por cada ponto é possível verificar cada atividade, outro ponto que merece ser destacado são os retângulos separados por atividade também denominado de "Raia" remete a raia de piscina porque o retângulo onde são inseridos os símbolos é chamado de "Pool" que é piscina em inglês. Essa separação é importante porque permite visualizar a onde ocorre maior quantidade de tarefas ou qual setor demanda mais tempo facilitando assim a tomada de decisão por um gestor.

Pensando no estudo de caso que vimos anteriormente vamos desenvolver um Fluxograma para a expedição. Por ser um caso genérico ele poderá ser utilizado e adaptado para qualquer empresa o importante é você caro leitor entender que essa ferramenta é de suma importância e que se ela for bem utilizada poderá trazer melhorias para empresa.

Na Figura 22 é possível observar o Fluxograma do atendimento da expedição do nosso estudo de caso anterior.

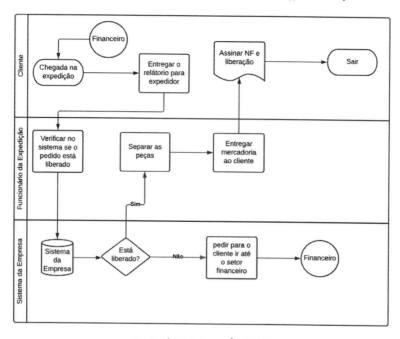

Figura 22 – Fluxograma da Expedição (genérica)

Fonte: (DUTRA *et al.*, 2022)

Na Figura 22 é possível notar que apesar de ser simples o processo de carregamento ele envolve várias etapas e três pontos distintos que é o cliente, expedição e o sistema da empresa. Claro que poderia detalhar muito mais o processo, porém quando se faz isso é necessário saber o que está buscando que pode ser:

- Manter o registro da atividade de maneira clara;
- Melhoria no processo;
- Buscar possíveis gargalos ou pontos de inconsistência.

E responder a essa pergunta ou perguntas é o que tornará o processo do Fluxograma mais simples ou mais complexo e lembre-se quanto mais simples for o processo mais fácil de conseguir resultados, mas as vezes a simplicidade de mais não permite explorar as melhorias por isso é preciso saber dosar e pedir outras pessoas para criticar aquilo que está criando.

No próximo capítulo continuaremos a falar de outras ferramentas da gestão.

REFERÊNCIAS

DUTRA, Rodrigo Lima; LAZARIN, Daniel França; CASTILLO, Lucio Abimael Medrano; ALMEIDA, Luiz Fernando Magnanini de. A APLICAÇÃO DE FERRAMENTAS DA ÁREA DE GESTÃO DE PROCESSOS EM UMA UNIDADE DE PRONTO ATENDIMENTO (UPA). **XLII ENCONTRO NACIONAL DE ENGENHARIA DE PRODUÇÃO**, vol. XLII, 2022. Available at: https://www.abepro. org.br/biblioteca/TN_ST_382_1886_43142.pdf.

INC, Lucid Software. Fluxograma Simbologia | Lucidchart. 2023. Available at: https://www.lucidchart.com/pages/pt/fluxograma-simbologia. Accessed on: 5 Jan. 2023.

CAPÍTULO 5.2:

DIAGRAMA DE GANTT

O Diagrama de Gantt é nossa próxima ferramenta de gestão a ser estudada. Esse diagrama nada mais é que um gráfico em barras horizontais utilizado para medição de tempo de atividades.

Muitos podem se perguntar qual o objetivo disso e o objetivo por mais obvio que pareça é controlar o tempo em um determinado projeto. Parece um pouco abstrato para quem não está acostumado, mas é bem simples o conceito. Imagine que o projeto no caso seja a pintura de uma sala do escritório, por exemplo, nesse caso a empresa deve contratar um pintor que irá pedir para comprar tinta, tíner, e outros materiais também. Vocês irão negociar o prazo para o serviço e no final será verificado se aquilo que foi prometido foi atendido. Pois bem, esse controle todo de todas essas atividades pode ser feito utilizando o Diagrama de Gantt, em um caso simples como esse o controle a olho nu seria fácil, agora imagina que você tenha uma empresa de reformas prediais, como controlar todas as atividades sem um software?

Pois bem, para esses problemas complexos de controle de atividades que é utilizado o Diagrama de Gantt e essas atividades juntas formam um projeto. Todo projeto possui por característica ter um início e fim preestabelecidos, e ter o controle desse tempo que faz com que o projeto seja viável ou não; pense naquela frase famosa "tempo é dinheiro". O Diagrama de Gantt foi desenvolvido pelo Engenheiro Mecânico Henry Gantt que trabalhou direto com Taylor.

Como pode ser observado na Figura 23 o Diagrama de Gantt é bem fácil de interpretar e ele permite algumas observações adicionais como, por exemplo:

Figura 23 – Diagrama de Gantt Genérico

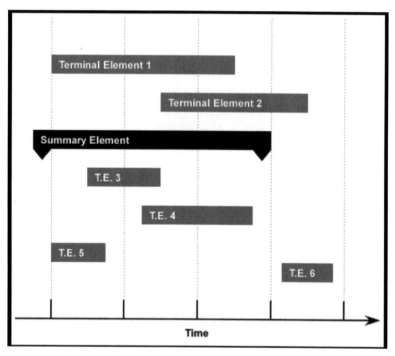

Fonte: (WIKIMEDIA COMMONS, 2020)

Ele permite que você verifique qual ou quais atividades precisam iniciar para que outra atividade inicie, permite que você visualize quais atividades são consideradas críticas (na gestão de projetos é conhecido como caminho crítico, nada mais é do que a soma de das atividades e aquela que apresentar o maior tempo de duração é considerada o caminho crítico).

O Diagrama de Gantt é uma ferramenta útil para gerenciamento de projetos, pois permite visualizar o cronograma completo do projeto, identificar pontos de dependência entre as tarefas, monitorar o progresso do projeto e ajustar o cronograma de acordo com as necessidades. Além disso, o Diagrama de Gantt é uma forma clara e eficiente de comunicar o cronograma do projeto para todas as partes interessadas, incluindo equipes, stakeholders e gerentes de projetos.

O Diagrama de Gantt pode ser desenvolvido e atualizado ao longo do projeto, a fim de refletir o progresso real e as mudanças na programação. É uma ferramenta versátil e amplamente utilizada em uma ampla variedade de projetos, incluindo construção, engenharia, software, produção, e gerenciamento de eventos.

Alguns exemplos de utilização de Diagramas de Gantt incluem:

- Projetos de construção: um construtor pode usar o Diagrama de Gantt para planejar e gerenciar as etapas de uma construção, desde a preparação do terreno até a entrega final. O Diagrama de Gantt permite visualizar o cronograma completo da obra e identificar pontos de dependência entre as tarefas;
- Projetos de software: uma equipe de desenvolvimento de software pode usar o Diagrama

de Gantt para planejar e gerenciar as etapas de desenvolvimento de um software, incluindo a concepção, codificação, testes e lançamento. O Diagrama de Gantt permite visualizar o cronograma completo do projeto e identificar pontos de dependência entre as tarefas;

- Projetos de produção: uma empresa de produção pode usar o Diagrama de Gantt para planejar e gerenciar o processo de produção de um produto, desde a aquisição de matérias-primas até a entrega final ao cliente. O Diagrama de Gantt permite visualizar o cronograma completo do processo de produção e identificar pontos de dependência entre as tarefas;
- Gerenciamento de eventos: um organizador de eventos pode usar o Diagrama de Gantt para planejar e gerenciar um evento, incluindo a contratação de fornecedores, montagem do palco, e produção do evento. O Diagrama de Gantt permite visualizar o cronograma completo do evento e identificar pontos de dependência entre as tarefas.

Esses são apenas alguns exemplos de como o Diagrama de Gantt pode ser utilizado em diferentes tipos de projetos, para melhorar a planejamento, efetividade e qualidade dos resultados.

Os autores Junqueira et al., (2015) demostram a utilização do Gráfico de Gantt eu seu artigo "Utilização da Ferramenta Gráfico de Gantt no Processo Produtivo de uma Empresa de Equipamentos Médicos de Franca — SP", onde o objetivo do estudo é verificar os impactos do Gráfico de Gantt no Planejamento e Controle de Produção (PCP) em uma empresa de produção de equipamentos médicos.

Existem muitos softwares destinados a esse controle e que apresentam os resultados em forma de gráfico, porém eles podem gerenciar mais tarefas que manualmente seria complexo. De maneira geral eles colocam as atividades cadastradas em um painel por ordem de cronologia baseado no término da atividade, é possível identificar quem será responsável pela tarefa, o tempo de duração. Em termos de indústria que requerem produtos sob encomenda é possível acompanhar o atravessamento da ordem de produção (desde o momento que é lançado o pedido até a chegada dele ao cliente). Pode se utilizar para acompanhar as produções dentro das máquinas imaginando que seja uma produção finita para que possa ser entendido os gargalos (a atividade que demora mais tempo) e conseguir fazer uma programação de maneira adequada levando em consideração as limitações do dia a dia.

Voltando a questão do caminho crítico que é muito utilizado em projetos é também chamado de CPM ou CPA (análise do caminho crítico), ele é a sequência mais longa de tarefas dependentes em um projeto, onde o atraso em uma tarefa pode afetar a conclusão do projeto. É um conceito importante em gerenciamento de projetos que ajuda a identificar as tarefas críticas, priorizar recursos e determinar margem de tempo para o projeto.

O Caminho Crítico é determinado por meio da análise das dependências entre as tarefas, bem como dos tempos de duração estimados para cada tarefa. ele é um algoritmo que determina por meio de identificação o maior período de atividades dependentes e pela medição do tempo necessário para concluí-las.

Esse cálculo é importante porque permite saber onde existe flexibilidade nas atividades e com isso poder direcionar melhor os recursos para que sejam mais bem aproveitados, lembre-se da máxima citada inicialmente "tempo é dinheiro" e o tempo é um recurso limitado que não ao perdê-lo não é possível recuperar.

É possível também ter várias atividades que sejam concluídas com atraso, mas o projeto final ainda será concluído no prazo, isso ocorre porque existe flexibilidade dentro do projeto e foi identificado graças ao caminho crítico. Outra questão que deve ser levada em consideração é o fato de o projeto estar atrasado e direcionar atividades que não pertençam ao caminho crítico, isso não irá alterar o prazo final do projeto porque os recursos foram usados nas atividades erradas.

O COM foi criada no ano de 1950 por Morgan R. Walker da DuPont e James E. Kelley Jr. da Remington Rand. A técnica foi utilizada por DuPont entre 1940 e 1943 e contribuíram para o sucesso do Projeto Manhattan. Para utilização da técnica corretamente é necessário que o projeto inclua os seguintes itens:

- Listagem de todas as atividades;
- Tempo de duração de cada atividade na mesma unidade de tempo;
- As dependências entre atividades;
- Definição dos produtos / serviços entregues.

Parece complexo colocar todos esses itens, mas os programas que trabalham com projetos além de incorporarem o Gráfico de Gantt também possuem o CPM o que facilita muito para o gestor poder tomar uma decisão assertiva já que ele trabalha com recursos limitados como, por exemplo:

- Dinheiro;
- Tempo;
- Funcionário;
- Máquinas;
- Matéria-prima.

Para exemplificar o Diagrama de Gantt vamos imaginar a empresa fictícia que trabalhamos como exemplo nos capítulos anteriores. Imaginemos a seguinte situação: o cliente da empresa fez um pedido grande com você e solicitou que a entrega seja feita em um prazo máximo de 10 dias uteis contados a partir do momento que ele fizer a solicitação. Para que esse pedido possa ser atendido no prazo correto a empresa decidiu criar um Gráfico de Gantt em uma planilha eletrônica como pode ser observado na Figura 24.

Figura 24 – Gráfico de Gantt para entrega do Pedido

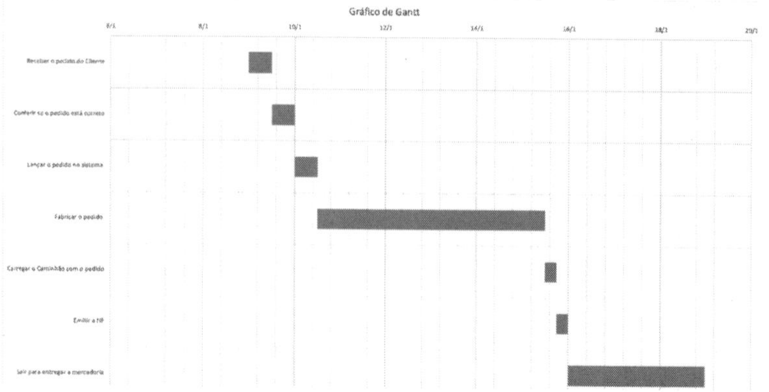

Fonte: (Elaborado pelo próprio autor, 2022)

Como pode ser observado na Figura 24 é possível ver todas as atividades e o seu período de duração isso é importante para acompanhamento do pedido de uma maneira geral, pode ser visualizado que o cliente irá receber a mercadoria no prazo estipulado, portanto a empresa conseguirá cumprir com prazo estipulado. Esse gráfico foi gerado a partir de uma tabela que pode ser visualizada na Figura 25.

Figura 25 – Tabela das Atividades

Nº	Atividade	Início	Duração	Término
1	Receber o pedido do Cliente	9/1	0,5	09/01/2023
2	Conferir se o pedido está correto	9/1	0,5	10/01/2023
3	Lançar o pedido no sistema	10/1	0,5	10/01/2023
4	Fabricar o pedido	10/1	5	15/01/2023
5	Carregar o Caminhão com o pedido	15/1	0,25	15/01/2023
6	Emitir a NF	15/1	0,25	16/01/2023
7	Sair para entregar a mercadoria	16/1	3	19/01/2023
	Total de dias utilizados		**10,00**	

Fonte: (Elaborado pelo próprio autor, 2022)

Na Figura 25 é possível visualizar a tabela eletrônica que foi gerada para que a partir dela fosse construída o Gráfico de Gantt. A construção correta dessa tabela é importante porque é ela que irá alimentar todo o gráfico e fazer sua atualização de maneira correta também é importante porque permite aos gestores visualizar se os prazos estão dentro do cronograma ou não, por isso fique atento em manter sempre essa planilha eletrônica atualizada.

No próximo capítulo iremos abordar uma ferramenta muito útil para área de manutenção que é a Matriz GUT.

REFERÊNCIAS

JUNQUEIRA, Murilo Nascimento; SALOMÃO, Silvana; QUEIROZ, Geandra Alves; IANNONI, João Ricardo. **UTILIZAÇÃO DA FERRAMENTA GRÁFICO DE GANTT NO PROCESSO PRODUTIVO DE UMA EMPRESA DE EQUIPAMENTOS MÉDICOS DE FRANCA-SP**. XXXV ENCONTRO NACIONAL DE ENGENHARIA DE PRODUÇÃO, vol. XXXV, 2015. Available at: https://www.abepro.org.br/biblioteca/TN_STP_206_221_28526.pdf.

WIKIMEDIA COMMONS, the free media repository. File: Gantt-chart.png. 2020. Available at: https://commons.wikimedia.org/wiki/File:Gantt-chart.png. Accessed on: 9 Jan. 2023.

CAPÍTULO 5.3:

MATRIZ GUT

A Matriz GUT é uma ferramenta da área da gestão para priorização de ações baseada em três pilares: Gravidade, Urgência e Tendência.

- Gravidade: Está relacionada com impacto real do problema caso nada seja feito, ou seja, sua intensidade;
- Urgência: Tempo necessário para o aparecimento de danos ou algum resultado indesejável;
- Tendência: Está relacionada com a piora do problema caso nada seja feito para solucionar.

Ela é uma ferramenta usada também em gerenciamento de projetos que ajuda a priorizar tarefas baseadas em duas dimensões: Urgência e Importância. A Matriz GUT classifica as tarefas em quatro categorias:

- Alta Urgência e Alta Importância (tarefas críticas);
- Baixa Urgência e Alta Importância (tarefas importantes, mas não urgentes);
- Alta Urgência e Baixa Importância (tarefas urgentes, mas não importantes);
- Baixa Urgência e Baixa Importância (tarefas que podem ser delegadas ou adiadas).

A Matriz GUT ajuda a equipe de projetos a alocar recursos de maneira eficiente e a garantir que as tarefas mais críticas sejam concluídas dentro do prazo.

Ao longo do capítulo veremos exemplos que irá tornar mais fácil a compreensão de você caro leitor. Essa ferramenta pode ser aplicada em qualquer área de uma organização é utilizada principalmente pela área da manutenção que costuma apresentar vários problemas e que necessitam de uma resolução rápida. O tempo é um dos fatores mais importantes na hora de tomar alguma decisão principalmente se envolve algum risco ou prejuízo e muitas vezes existem mais de um problema que demandam essa atenção.

Você pode estar se perguntando por que então o gestor não utilizado o Diagrama de Pareto para definir qual problema irá resolver primeiro? A resposta é simples, porque não existe tempo hábil para essa ferramenta e muitas vezes é levado em consideração outros fatores como Gravidade, Urgência e Tendência.

E como então essa ferramenta deve ser utilizada para uma tomada de decisão que se for feita de qualquer maneira pode acarretar riscos maiores ou até mesmo piorar a situação atual? Primeiramente é preciso considerar que ela deve ser usada em conjunto com outras pessoas que entendam dos problemas que estão sendo colocados. Segundo é necessário que uma pessoa tenha conhecimento da ferramenta para preencher corretamente e terceiro e eu considero o mais importante de todo é necessário ter bom senso no momento de preencher a planilha para que os interesses particulares não sobressaiam perante os reais problemas.

Antes de visualizarmos um exemplo prático da Matriz GUT é necessário saber como montá-la. Cada um dos itens deve ser preenchido em uma escala que varia de 1 – 5 como se fossem graus, vejamos cada um deles:

Gravidade:

1. Mínimo de dano ou sem dano;
2. Dano leve ou Pouco Grave;
3. Grave;
4. Muito Grave;
5. Gravíssimo.

Urgência:

1. Pode esperar (a espera pode ser inclusive de meses);
2. Pode esperar (mas a espera é dentro do mês);
3. Priorizar assim que possível (espera é de no máximo quinze dias);
4. Urgente (espera de no máximo uma semana);
5. Ação imediata (está ocorrendo naquele momento).

Tendência

1. Não faz alteração;
2. Reduz pouco;
3. Permanece;
4. Aumenta;
5. Piora drasticamente.

Ao ler cada uma das possíveis variações listadas é possível perceber que não é muito simples categorizar o problema em cada uma das cinco opções listadas, por isso a questão de responsabilidade e conhecimento técnico são essenciais para que possa ser feito de maneira adequada, porque o grau de você atribui para cada um dos três critérios irá fazer com que o problema apareça em primeiro ou em último lugar.

Após conhecer cada um dos graus para Gravidade, Urgência e Tendência, é necessário listar todos os problemas (de preferência em uma planilha eletrônica) acrescentar uma coluna para Gravidade, Urgência e Tendência e enumerar de 1 a 5 os valores que considerarem). É nesse momento que o bom senso deve prevalecer porque não é possível priorizar todos os problemas. Feito isso é necessário criar mais uma coluna que pode chamar de GUT e nele você deverá colocar o resultado da multiplicação da Gravidade pela Urgência e pela Tendência e após fazer isso para todos os problemas, eles devem ser ordenados em ordem decrescente baseado no resultado. Ao observar os valores podemos concluir que o maior valor a ser alcançado é 125 e o menor valor é 1, por isso se faz necessário que essa ferramenta seja utilizada em grupo para que haja um consenso com relação aos valores a serem utilizados.

Na Figura 26, por exemplo, é possível ver a utilização da Matriz GUT pelos autores Pascoal *et al.*, (2022) em seu artigo "Uso de ferramentas na gestão aplicadas em propriedade leiteira no estado do Acre: Estudo de caso" onde eles a utilizam para definir quais ferramentas de gestão deverão ser utilizadas para propor solução para o problema do leite estudado no Estado do Acre.

Figura 26 – Exemplo da Matriz GUT

Tabela 1. Pontos fracos detectados e as ferramentas sugeridas

Pontos Fracos	Nota dos pesquisadores				Média	Desvio Padrão	Ferramentas
	1	2	3	4			
Má higienização dos tetos	125	100	125	100	11	14	PDCA
Falta de adoção de suplemento volumoso no período seco	125	125	80	100	107	18	Diagrama de Ishikawa
Falta de realização de exames rotineiros das zoonoses brucelose e tuberculose	125	125	80	100	107	18	5W2H
Não realiza análise leiteira	125	125	24	32	76	56	PDCA
Não utiliza sêmen sexado	125	64	18	8	54	53	PDCA
Não possui banco de colostro	45	100	27	36	52	33	5W2H
Não utiliza forrageira	27	27	100	48	50	34	Diagrama de Ishikawa
Não possui touros de diferentes raças impossibilitando heterose	45	36	24	24	32	10	5W2H
Não utiliza cerca elétrica	9	27	18	12	16,5	8	5W2H
Não participa de programa ou projetos leiteiros	4	1	1	1	1,75	1	5W2H

*Somatório das notas atribuídas de 1 a 5 considerando G (gravidade), U (urgência) e T (tendência). Má higienização dos tetos utilizando pano como material.

Fonte: (PASCOAL *et al.*, 2022)

No caso da Figura 26 como existiam várias pessoas para avaliar e cada uma atribuiu uma nota total diferente, foi feito uma média dos valores e merece uma correção que o valor de 11 apresentado na linha de "Má higienização dos tetos" apresentou um valor de 112,5 por isso ele ficou em primeiro.

Vamos pensar na empresa que viemos trabalhando ao longo desse livro, como poderíamos usar a Matriz GUT? Nesse caso podemos pensar em um problema relacionado a manutenção, veja a Figura 27.

Figura 27 – Exemplo de Matriz GUT usado na Manutenção

Problemas a serem resolvidos	Gravidade	Urgência	Tendência	GUT
Troca de um motor da Máquina de Embalagem	5	5	3	75
Troca do Cabo de Aço da Ponte Rolante	5	3	4	60
Troca das mangueiras de Ar Comprimido	3	3	2	18
Troca dos Trilhos na Expedição	2	4	1	8
Troca das Lampadas da Fábrica	1	2	1	2

Fonte: (Elaborado pelo próprio autor, 2023)

Como pode ser observado na Figura 27 a "Troca de um motor da Máquina de Embalagem" é o que deve ser executado primeiro porque foi o que apresentou maior GUT dos cinco problemas listados. Essa é uma ferramenta simples, mas bastante eficiente para resolução de problemas desde que as pessoas envolvidas conheçam do assunto que está sendo colocado em discussão e que pelo menos um participante saiba utilizar a ferramenta de forma adequada. Além desses exemplos vistos podemos citar mais alguns onde pose a Matriz GUT pode muito bem ser utilizada pelos gestores:

- Em um projeto de lançamento de um novo produto, a equipe pode classificar as tarefas de pesquisa de mercado, desenvolvimento de protótipos e elaboração de campanhas de marketing de acordo com a urgência e importância;

- Em uma equipe de atendimento ao cliente, a Matriz GUT pode ser usada para priorizar solicitações de suporte, como solução de problemas técnicos ou respostas a perguntas frequentes;
- Em uma campanha política, a equipe pode usar a Matriz GUT para priorizar tarefas como organização de comícios, contato com eleitores e preparação de discursos;
- Em um projeto de renovação de escola, a equipe pode classificar tarefas como instalação de novos equipamentos, pintura e reparos estruturais de acordo com a urgência e importância;
- Em um projeto de organização de evento, a equipe pode usar a Matriz GUT para priorizar tarefas como reserva de espaço, contratação de fornecedores e elaboração de convites.

No próximo capítulo veremos outra ferramenta para gestão.

REFERÊNCIAS

PASCOAL, Samara Vanziler; REIS, Eduardo Mitke Brandão; MONTEIRO, Mariana Benevides; OLIVEIRA, Claudemila Nascimento de. **Uso de ferramentas na gestão aplicadas em propriedade leiteira no estado do Acre: Estudo de caso.** Pubvet, vol. 16, nº 10, p. 1-8, Oct. 2022. DOI 10.31533/pubvet. v16n10a1228.1-8. Available at: https://www.pubvet.com.br/artigo/10282/uso-de-ferramentas-na-gestatildeo-aplicadas-em-propriedade-leiteira-no-estado-do-acre-estudo-de-caso.

CAPÍTULO 5.4:

MATRIZ DE RESPONSABILIDADE

Esta ferramenta que é conhecida como Matriz de Responsabilidade muito utilizada por profissionais de Gerenciamento de projetos. A sua aplicabilidade se deve ao fato dela permitir que os membros de uma equipe consigam entender o seu papel e sua responsabilidade dentro de um projeto. Isso facilita a interação da equipe, permite que todos saibam o que deve ser feito e até onde vai sua responsabilidade dentro de um projeto.

A Matriz de Reponsabilidade permite também que as pessoas não fiquem sobrecarregadas com as tarefas e evita questionamentos que o colega tem menos responsabilidade que o outro evitando assim conflitos que causam estresse no ambiente de trabalho.

Essa matriz também é conhecida pela sigla RACI que significa:

- *Responsible* (Responsável) — É a pessoa que chamamos de executora da tarefa ela deve realizar a tarefa e concluir em um prazo estipulado e tudo que se refere sobre aquela tarefa é de responsabilidade dela.
- *Accountable* (Aprovador) — É o responsável por validar a tarefa que o responsável executou. Ele que vai decidir se precisa melhorar, se terá que ser

refeita ou se está como o planejado. A partir do momento da aceitação a responsabilidade passa a ser dele por isso é necessário ter um conhecimento sobre aquilo que está sendo desenvolvido.

- *Consulted* (Consultado) – são pessoas responsáveis por esclarecer eventuais dúvidas em um determinado projeto, necessariamente ele não trabalha na empresa, pode ser o próprio cliente, por exemplo, que pode ser consultado para esclarecer dúvidas com relação ao que ele deseja.

- *Informed* (Informado) – É responsável por disseminar as informações com relação ao andamento de algum projeto com relação a partes importantes do projeto como fase inicial de testes ou fase final de implementação, isso é importante para que todas na equipe saibam em qual etapa está o projeto e para que possam acompanhar os prazos para manter o que foi acordado com cliente.

Essas são as quatro funções principais para utilização da Matriz de Responsabilidade, porém sabemos que em projetos complexos pedem mais funções por isso muitos projetos utilizam além das quatro denominações vistas, essas outras denominações que são, M, B, N, O sendo:

- *Manager* (Gerente) – É o coordenador da equipe, ou seja, todos os membros daquela equipe estão subordinados a ele.

- *Backup* (Reserva) – É o reserva do "Responsável" e irá atuar quando ele não puder exercer sua tarefa ou estiver sob forte demanda. Imagine que o executor está de atestado médico por cinco dias por problemas de saúde nesse caso o *Backup* assume a função dele até o seu retorno.

- *Notify* (Notificados) — São pessoas que precisam ser notificadas quando determinada tarefa é concluída e liberada. Imagine que as revisões feitas em um site estão prontas e é preciso que um usuário teste para validar o que foi feito.
- *Originator* (Originador) — É o responsável por criar as tarefas a serem executadas dentro da matriz de responsabilidade, ele que vai definir os parâmetros de cada atividade e o que deve ser entregue ao final, portanto ele tem um conhecimento.

Esses são todas as funções que são utilizadas dentro de uma Matriz de Responsabilidade e é importante que ela seja criada e atualizada sempre que necessário para que todos dentro da equipe possam conhecer o que está sendo feito. Na Figura 28 é possível observar uma Matriz de Responsabilidade.

Figura 28 – Exemplo de Matriz de Responsabilidade

Novo blog agência Case				
	Redator	Designer	Programador	Coordenador de marketing	Clientes e stakeholders
Escrever o roteiro	R	I	-	A	C
Criar a identidade visual	-	R	-	-	-
Fazer o planejamento	I	I	-	R	C
Colocar o blog no ar	C	-	R	A	I

Fonte: (PEREIRA, 2022)

Como pode ser percebido no exemplo da Figura 28 uma mesma pessoa pode assumir papeis diferentes dentro da Matriz de Responsabilidade, como exemplo pode ser citado o Redator que é responsável por escrever o roteiro e deve ser "Consultado" quando for colocar o blog no ar. Como pode ser observado a Matriz é fácil de visualização, porém precisa ser seguido algumas etapas e regras para que sua criação se de maneira eficiente.

Outros exemplos da utilização da Matriz de Responsabilidade incluem:

- Em um projeto de construção de edifícios, a equipe pode usar a Matriz de Responsabilidade para identificar as responsabilidades do arquiteto, do engenheiro, dos contratantes e dos trabalhadores na construção;
- Em uma equipe de produção de software, a Matriz de Responsabilidade pode ser usada para identificar as responsabilidades de cada membro na elaboração de código, testes e documentação;
- Em uma campanha política, a equipe pode usar a Matriz de Responsabilidade para identificar as responsabilidades dos coordenadores, dos voluntários e dos consultores na elaboração de estratégias, contato com eleitores e organização de comícios;
- Em um projeto de organização de evento, a equipe pode usar a Matriz de Responsabilidade para identificar as responsabilidades de cada membro na reserva de espaço, contratação de fornecedores e elaboração de convites;

- Em uma equipe de atendimento ao cliente, a Matriz de Responsabilidade pode ser usada para identificar as responsabilidades de cada membro na solução de problemas técnicos, respostas a perguntas frequentes e *follow-up* com os clientes.

Segundo Pereira (2022), devem ser seguidos quatro regras básicas antes de montar a matriz que são:

1. Toda atividade deve ter pelo menos um responsável;

2. Deve existir somente uma pessoa responsável pela aprovação para cada tarefa (a fim de evitar qualquer tipo de conflito e causar atraso no projeto);

3. Com uma demanda muito alta podem existir vários Consultados e Informados e se a demanda for muito baixa podem não existir essas duas funções, em outras palavras não são obrigatórias para que o projeto ocorra;

4. O Responsável pode assumir o papel de Aprovador de sua atividade, claro que isso vai depender do grau de dificuldade da tarefa, a maturidade da empresa para com as funções de cada um e o conflito de interesse também.

Segundo o mesmo autor são necessárias cinco etapas para criação do RACI que podem ser numeradas a seguir:

1. Na fase de planejamento é importante ter a definição de praticamente todas as atividades necessárias para execução do projeto. Claro que podem surgir atividades não planejadas, mas devem ser exceção porque um bom projeto deve estar alinhado com o tempo de execução e para determinar o tempo é necessário conhecer cada atividade a ser desenvolvida. Tente escrever as atividades em forma de tópicos porque facilita a leitura e a visualização de qualquer membro da equipe;

2. Identificação das Funções: Nessa etapa é colocado cada função no projeto com sua respectiva letra da Matriz RACI como vimos nas descrições ao longo do texto. Pode ser usado o nome da pessoa ou o cargo que ela ocupa. Minha sugestão é sempre usar o nome para identificar o usuário, caso esse projeto seja executado com pessoas de outras empresas ou de outras filiais aí convém colocar além do nome o cargo ou nome da empresa para que fique mais fácil a identificação. E por que do nome? Porque o nome chama a responsabilidade para a pessoa que foi atribuída aquela função e não corre o risco de ela alegar que não era ela que era responsável ou que não foi acordado nada, é a mesma logica que foi usado na Ferramenta do 5W2H na questão do WHO (quem irá executar);

3. Montar o RACI — Nessa etapa é preenchida as informações iguais ao exemplo mostrado na Figura 28 porque nessa etapa é possível visualizar quais funções foi atribuída para cada membro

da equipe e é possível corrigir erros seguindo as quatro regras vistas anteriormente;

4. **Revisão da Matriz** – Após sua criação é necessário a revisão nesse caso é importante fazer uma reunião de alinhamento como todos os membros da equipe para que possam ser repassadas todas as tarefas, tirar dúvidas e receios e ao final poder ter o alinhamento para com todos a respeito daquele projeto que será executado. Importante também é fazer reuniões semanais ou quinzenais para acompanhar a evolução das atividades e verificar se houve alteração na Matriz. Vale ressaltar que uma reunião eficiente gira em torno de 60 minutos não mais que isso porque passa a tornar improdutiva;

5. **Usar o RACI como *feedback*** – A melhor maneira de fazer uma cobrança de uma pessoa é apresentado o que foi planejado e comparar com resultado obtido, a Matriz permite mostrar a etapa do planejamento e o gestor pode utilizar para dar *feedback* para cada um dos integrantes da equipe. Muitos especialistas criticam o *feedback* porque acreditam que ele mais usado como ferramenta de punição. Melhor que *feedbacks* no fim do expediente de uma sexta feira, são reuniões de alinhamento com a equipe que pode ser feito em 15 a 30 minutos semanais para mostrar a evolução do projeto. Não adianta nada querer cobrar resultado depois que todos os prazos já foram esgotados.

Vimos nesse capítulo a importância da Matriz de Responsabilidade e como ela pode agregar ao trabalho do gestor e permitir que todos saibam o seu papel na execução de cada projeto. No próximo capítulo veremos como podemos aplicar as ferramentas que foram tratadas até o momento dentro de um Sistema de Gestão da Qualidade certificado pela ISO 9001.

REFERÊNCIA

PEREIRA, Matheus. **Matriz RACI: o que é e como aplicar em sua gestão**. 2022. Available at: https://blog.runrun.it/matriz-raci/. Accessed on: 19 Jan. 2023.

CAPÍTULO 6:

APLICANDO AS FERRAMENTAS DA QUALIDADE DENTRO DO SISTEMA ISO 9001: 2015

No capítulo inicial desse livro falamos do surgimento da qualidade e como ela impacta uma organização. Vimos que a utilização das Ferramentas da Qualidade agrega valor ao cliente uma vez que permite que a organização possa identificar os problemas e dar uma possível tratativa a eles.

Vimos também que existem ferramentas que podem trabalhar em conjunto e outras que podem ser trabalhadas de maneira individual, cabendo ao gestor decidir qual a melhor ferramenta a ser aplicada para aquele caso em específico e todas elas podem ser usadas por qualquer organização independente do seu porte físico (quantidade funcionários) ou do seu ramo de atividades e se ela é certificada ou não.

Ela fornece um conjunto de diretrizes e requisitos para ajudar as organizações a melhorar a qualidade de seus produtos e serviços, aumentar a satisfação do cliente e aumentar a eficiência interna.

A norma ISO 9001 é baseada em uma abordagem de melhoria contínua e se concentra na implementação de processos eficazes, bem como na realização de auditorias regulares para garantir a conformidade.

As organizações que desejam se certificar com a norma ISO 9001 precisam passar por uma avaliação rigorosa por parte de uma organização certificadora independente. A certificação ISO 9001 é amplamente reconhecida como um sinal de compromisso com a qualidade e pode ser vista como um diferencial competitivo para as empresas.

Pois bem, até o presente momento não havíamos falado da certificação no Sistema de Gestão da Qualidade – ISO 9001 versão atual de 2015. Nesse capítulo serão abordados os itens da norma com algumas Ferramentas da Qualidade vistas durante os capítulos.

A ISO é uma sigla em inglês para – International Organization for Standardization – Organização Internacional de Padronização é uma entidade para padronização que foi criada em 1947 em Genebra, Suíça. A sua principal função é aprovar normas internacionais em todos os campos técnicos e no Brasil a ISO é representada pela Associação Brasileira de Normas Técnicas denominada ABNT.

ABNT que é responsável por manter atualizada as normas ISO e especificamente a ISO 9001 que trata da certificação do Sistema de gestão da Qualidade também conhecido como SGQ. A versão atual da norma é de 2015 e nela consta todas as diretrizes para certificação internacional do SGQ.

Muitas empresas adotam a certificação no SGQ por vários motivos e podemos destacar alguns deles:

- Venda de produtos no exterior – Muitos países ou até mesmo muitas empresas estrangeiras exigem que o fornecedor tenha certificação ISO 9001;

- Diferencial perante a concorrência — Muitas organizações entendem que é um diferencial ter o sistema certificado por uma classe internacional e que isso lhe dá mais credibilidade perante concorrentes;
- Compulsória — Muitas empresas que já possuem certificação ISO 9001, principalmente internacionais exigem que seus fornecedores também tenham então é compulsório para determinado segmento.

Na Figura 29 é possível observar a quantidade de certificados da ISO 9001 válidos nos últimos cinco anos.

Figura 29 – Certificados válidos ISO 9001 últimos cinco anos

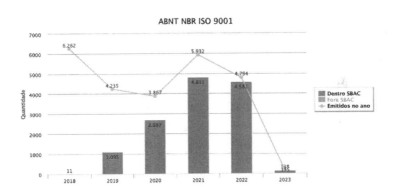

Fonte: (INMETRO, 2017)

É possível perceber que o número de certificações ao longo dos anos está caindo impactado por vários motivos como custo (lembre-se que falamos no início que qualidade não é barato), pandemia de COVID-19, próprio interesse da empresa em manter a certificação, dentre outros.

A certificação ISO 9001 pode ser adotada por uma ampla gama de setores e segmentos de negócios, incluindo:

- Fabricação: A indústria de fabricação é um setor comum que adota a certificação ISO 9001 para melhorar a qualidade de seus produtos e processos;
- Serviços financeiros: As instituições financeiras, como bancos e corretoras, usam a certificação ISO 9001 para garantir a eficiência e a segurança de seus processos;
- Saúde: Hospitais, clínicas e outras instituições de saúde usam a certificação ISO 9001 para melhorar a qualidade de seus serviços e a segurança do paciente;
- Tecnologia: As empresas de tecnologia, como fabricantes de software e equipamentos eletrônicos, adotam a certificação ISO 9001 para garantir a qualidade de seus produtos e processos;
- Serviços governamentais: Muitas agências governamentais, incluindo departamentos de trânsito e departamentos de água, usam a certificação ISO 9001 para melhorar a eficiência e a transparência de seus processos;
- Logística e transporte: As empresas de logística e transporte usam a certificação ISO 9001 para garantir a qualidade e a eficiência de sua cadeia de suprimentos e operações de transporte;

- Educação: As instituições de ensino, como escolas e universidades, usam a certificação ISO 9001 para garantir a qualidade de seus serviços e processos educacionais.

Para que você possa ter uma noção do impacto que uma certificação possa trazer para uma organização, tome como exemplo esse estudo feito pela UNITED NATIONS INDUSTRIAL DEVELOPMENT ORGANIZATION, (2016) com título "Impacto da Certificação dos Sistemas de Gestão da Qualidade ISO 9001 no Brasil" onde é avaliado pelos fornecedores a importância da certificação ISO 9001 – Gestão da Qualidade e você pode observar essa avaliação na Figura 30.

Figura 30 – Percepção dos compradores com relação às empresas certificadas no Brasil

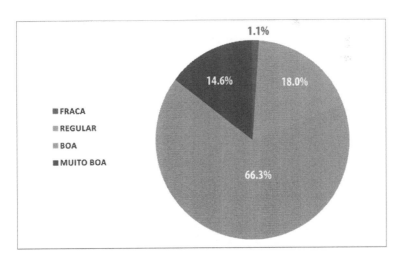

Fonte: (UNITED NATIONS INDUSTRIAL DEVELOPMENT ORGANIZATION, 2016)

Como pode ser observado por você leitor na Figura 30 os compradores têm uma percepção que as organizações brasileiras são boas (66,3%) ou muito boas (14,6%), o que é um endosso para mostrar a importância de ser certificado. Na Figura 31 é possível ver o porquê de uma empresa certificada se destacar das demais.

Figura 31 – Satisfação dos compradores com relação aos seus fornecedores

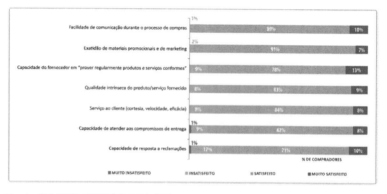

Fonte: (UNITED NATIONS INDUSTRIAL DEVELOPMENT ORGANIZATION, 2016)

Como é possível perceber critérios como:

- Serviço ao cliente;
- Capacidade de resposta a reclamações;
- Facilidade de comunicação durante o processo de compras.

São importantes para os clientes se manterem fies as empresas e poder gerar vendas. No início do livro fizemos essa discussão da importância de conhecer seus clientes e quais processos agregam valor a ele e na Figura 31 foi possível ver essa mensuração. Na Figura 32 você consegue identificar de maneira clara quais foram os principais motivos que levaram as empresas a buscar a certificação ISO 9001.

Figura 32 – Principais motivos para implementação do SGQ

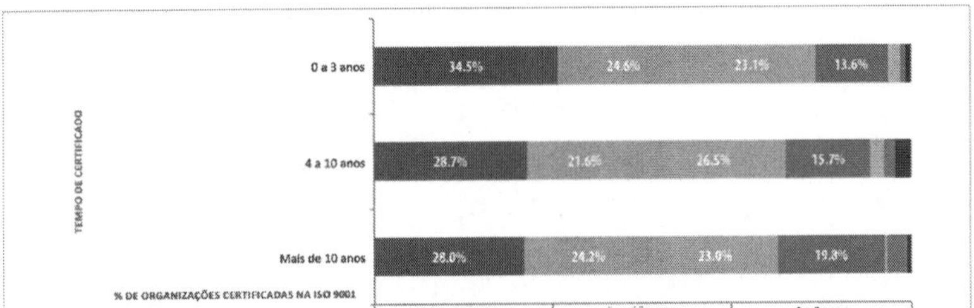

% DE ORGANIZAÇÕES CERTIFICADAS NA ISO 9001	Mais de 10 anos	4 a 10 anos	0 a 3 anos
Melhoria interna	28.0%	28.7%	34.5%
Objetivo corporativo ou da alta direção	24.2%	21.6%	24.6%
Pressão do cliente/ requisito em edital	23.0%	26.5%	23.1%
Vantagem competitiva	19.8%	15.7%	13.6%
Outro	0.6%	2.6%	2.2%
Acesso a mercados internacionais	3.5%	1.9%	1.0%
Marketing	0.9%	3.0%	1.0%

Fonte: (UNITED NATIONS INDUSTRIAL DEVELOPMENT ORGANIZATION, 2016)

Fazendo uma análise é possível destacar três categorias comuns nas três faixas apresentadas que são:

- Melhoria interna – As empresas ao iniciarem o processo de certificação acreditam que a melhoria interna será a principal mudança que irá sofrer;
- Objetivo corporativo da alta direção – Esse é um ponto muito importante porque a implementação do SGQ somente terá sucesso se for feita de cima para baixo, ou seja, da alta direção

até chegar nos demais colaboradores. Esse ponto aparece em segundo lugar nas empresas que possuem certificação de 0 — 3 anos e acima de 10 anos;

- O último ponto e não menos importante é a vantagem competitiva. As organizações que possuem mais de quatro anos certificadas percebem esse ponto como um dos principais motivos para se adotar um SGQ certificado.

A Figura 32 é o resumo do que tratamos até agora nesse capítulo que mostra a importância para as empresas da certificação ISO 9001 e o que ele espera que ela agregue ao longo do tempo.

Até o momento vimos a importância da certificação e que ela é gerida pela ABNT no Brasil, vimos também que as certificações ao longo dos anos veem diminuído no Brasil gradativamente, mas que apesar disso muitas empresas consideram que a certificação traz um papel positivo para as empresas como diferencial e na Figura 31 ficou comprovado o que os clientes veem de importante nas empresas certificadas.

Chegou o momento agora de entendermos um pouco da estrutura normativa e para que você caro leitor possa entender sua importância e perceber que apesar de a norma ter toda uma estrutura já preestabelecida ela não é tão simples de ser implementada se não houver dedicação e paciência por parte dos colaboradores juntamente com a alta direção.

A norma ISO 9001 — Gestão da Qualidade Requisitos está atualmente na versão 2015. O proposto desse livro não é fazer um paralelo com as versões anteriores e discutir o que foi alterado ou o que permaneceu, muito menos ficar explicando ponto a ponto da norma e como implementar ela. O objetivo do capítulo é mostrar como os requisitos da norma podem ser implementados com a utilização das ferramentas da qualidade, por isso será fornecido um panorama geral dos requisitos da norma.

A primeira coisa que precisamos ter em mente quando estamos falando de uma norma ISO 9001 é entender que em momento nenhum a norma irá falar como deve ser feito. Isso as vezes é muito frustrante para quem está iniciando os estudos no SGQ ou que deseja fazer a implementação dela. Imagina a situação você adquire a norma (site da ABNT vende ela) e você começa a ler; em nenhum momento ela fala que você deve fazer de tal maneira ela simplesmente mostra que você deve ter evidencias que determinada ação foi feita e essas evidências devem ser possíveis de auditoria.

A princípio essa ideia parece bastante complexa, mas vamos tentar simplificar. A norma pode ser implementada por qualquer empresa de qualquer atividade desde aquela que tem dois funcionários até mesmo aquela que tem cinco mil funcionários. O grau de dificuldade do SGQ vai depender não da quantidade de funcionários, mas sim do grau de conhecimento da empresa em relação ao Sistema de Gestão da Qualidade. Segundo ponto, você pode auditar duas empresas que trabalham no mesmo segmento e cada uma delas irá apresentar um SGQ diferentes que atende as suas peculiaridades internas o que torna a implementação bastante flexível e que muda de empresa para empresa, por isso que a norma não fala como fazer ela simplesmente fala o que deve ter de evidências.

Outro ponto que considero importante e sempre que falo em aula sobre o SGQ gosto de abordar com os alunos que é: Uma empresa que possui o SGQ certificado pode alegar que seu produto é certificado? Essa pergunta por mais simples que seja gera dúvidas em quem está iniciando suja jornada na ISO 9001. A resposta é não! De forma nenhuma seu produto está certificado. O que está certificado é seu processo, esse processo segue os padrões de qualidade internacional que são exigidos perante a ISO 9001, para certificação de produto no Brasil é preciso ter o Selo do INMETRO, portanto se lembrem sempre disso ISO 9001 não certifica produto e sim o Processo de Gestão da Qualidade daquela empresa que está implementando.

Quando você pega a norma para consultar ou ler você verá que ela inicia no "0.1 – Generalidades" e termina "10.3 – Melhorias Contínuas", pois bem, a auditoria se inicia a partir do item "4 – Contexto da Organização" indo até o 10.3. Para deixar claro e acredito que muitos não saibam, porque não trabalham com a norma, a empresa só pode alegar que possui o SGQ certificado se ela passar por auditoria interna (feita por ela ou por uma empresa contratada por ela) e pela auditoria externa (que é uma empresa credenciada e autorizada para auditar e após aprovado emitir o certificado da ISO 9001).

Muitas vezes faço a seguinte pergunta em sala de aula: Uma empresa que não é certificada na ISO 9001 pode alegar que ela possui um Sistema de Gestão da Qualidade? A resposta é sim, pois o SGQ é independente de certificação e nada impede que uma empresa tenha um SGQ que funcione muito bem, mas por questões de custo a empresa decida não ter ele certificado pela ISO, isso é totalmente plausível e acontece.

Voltando a questão da certificação novamente a norma da qualidade que é a 9001 possui um tópico para abordar esse assunto que é o item "9.2 – Auditoria Interna" e o Sistema ISO entende que existem três tipos distintos de auditoria:

1. Auditoria de primeira parte – Auditoria interna que deve ser realizada pela empresa ou por uma empresa contratada para fazer a auditoria seguindo o item 9.2 da Norma ISO 9001;

2. Auditoria de segunda parte – Auditoria realizada pelo seu cliente para saber se você atende aos requisitos específicos da ISO 9001 para com ele e segue os mesmos preceitos estabelecidos no item 9.2. Essas auditorias são geralmente mais formais e abrangentes e têm como objetivo avaliar a qualidade do sistema de gestão da organização;

3. Auditoria de terceira parte – Auditoria externa realizada por uma empresa autorizada pela ISO e que segue uma norma vigente própria para realização da auditoria. Essas auditorias são realizadas com o objetivo de fornecer uma certificação externa para a organização, que pode ser usada como um sinal de compromisso com a qualidade e para demonstrar a conformidade com os padrões internacionais.

Toda empresa certificada recebe uma documentação falando que ela foi certificada no SGQ 9001: 2015 (até o momento é o atual) e com validade de X anos. Não vou cravar o número porque pode ter sua exceção, mas o costume é que o certificado tenha validade de três anos e após esse período é necessário passar por uma nova auditoria de recertificação. Muitos podem se perguntar então nesse período de três anos não preciso fazer auditoria interna e nem externa? A resposta é que precisa sim e são chamadas de auditorias de manutenção, portanto todo ano é necessário fazer auditoria de manutenção.

Dentro do documento da Norma ISO 9001:2015 existe uma figura (ver Figura 33) que muitos não dão a devida importância para ela, porém o entendimento dela é fundamental para que se consiga implementar o SGQ de maneira mais assertiva.

Figura 33 – Relação do PDCA com a ISO 9001

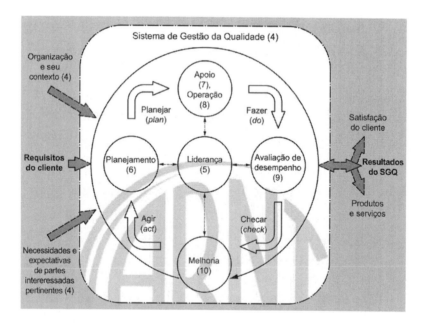

Fonte: (ASSOCIAÇÃO BRASILEIRA DE NORMAS TÉCNICAS, 2015)

A Figura 33 demostra de maneira clara que a norma versão 2015 foi construída em cima do PDCA. No início desse livro discutimos a importância do PDCA (temos um capítulo destinado todo a ele) de tão importante que ele é para o SGQ a norma foi toda construída em cima dele o que gera duas vantagens para quem a implementa:

- Ao implementar a norma a empresa está rodando o PDCA garantindo assim a melhoria contínua no seu processo;
- A integração com outras normas como a 14001 que trata de Gestão Ambiental se da de maneira mais tranquila porque a estrutura dos requisitos é a mesma facilitando assim sua integração.

Portanto, quem está iniciando seus trabalhos no conhecimento do SGQ utilizando a ISO 9001 como base deve ter claro o entendimento da Figura 33 porque irá facilitar muito a implantação e deve ter claro o que é o PDCA e sua importância também.

Existe uma relação que muitas vezes não é clara entre os requisitos da Norma ISO 9001: 2015, PDCA e Ferramentas da Qualidade que pode ser observada na Figura 34.

No capítulo sobre o PDCA falei quais ferramentas poderiam ser incorporadas em cada uma de suas etapas (ver a Figura 5 no capítulo) e essas mesmas ferramentas podem ser utilizadas novamente dentro dos requisitos da ISO 9001: 2015.

Figura 34 – Correlação do PCDA com os requisitos da ISO 9001:2015

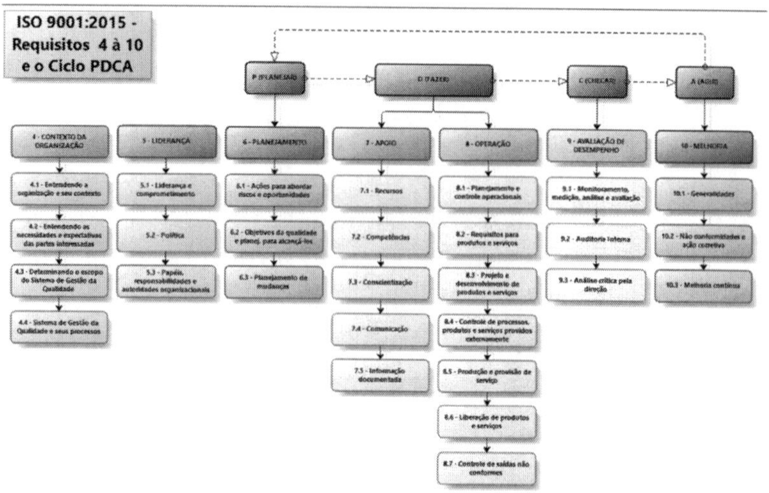

Fonte: (QUALI, 2017)

A Figura 34 demonstra claramente cada etapa da ISO com o PDCA e a Figura 5 explica claramente quais ferramentas utilizar em cada etapa do PDCA. Isso facilita muito o trabalho do gestor da qualidade porque ele consegue conciliar os três itens de forma clara e fazer melhoria contínua por meio de um norte a ser seguido.

No próximo capítulo discutiremos sobre a última Ferramenta na gestão que é o Histograma e veremos também o porquê da estatística é importante para tomada de decisão.

REFERÊNCIA

ASSOCIAÇÃO BRASILEIRA DE NORMAS TÉCNICAS, ABNT.
**Sistemas de gestão da qualidade — Requisitos Quality
management systems — Requirements.**, p. 32, 2015. Available at:
www.abnt.org.br.

INMETRO. **Inmetro – Certifiq.**, p. 1-2, 2017. Available at: https://
certifiq.inmetro.gov.br/Grafico/HistoricoCertificadosValidos.
Accessed on: 23 Jan. 2023.

QUALI, 8. **Comparação dos requisitos ISO 9001:2008 x ISO
9001:2015.** 2017. Available at: https://8quali.com.br/comparacao-
requisitos-iso-9001-2008-x-2015/. Accessed on: 26 Jan. 2023.

UNITED NATIONS INDUSTRIAL DEVELOPMENT ORGANIZATION,
UNIDO. **Impacto da Certificação dos Sistemas de Gestão da
Qualidade ISO 9001 no Brasil.**, p. 62, 2016. Available at: www.
unido.org.

CAPÍTULO 7:

HISTOGRAMA

A última ferramenta que iremos analisar é o Histograma. Ela foi a última ser escolhida não por ser menos importante que as demais, mas porque requer um grau de conhecimento em estatística descritiva para que possa ser utilizada de maneira adequada aproveitando ao máximo da ferramenta.

Um histograma é uma representação gráfica dos dados de uma distribuição de frequência. Ele mostra a frequência com que os valores de uma variável aparecem em diferentes intervalos de valores. O histograma é similar ao gráfico de barras, mas ao invés de mostrar a frequência absoluta de cada valor, ele mostra a frequência relativa, ou seja, a porcentagem de valores que caem dentro de cada intervalo, como pode ser observado na Figura 35. Deve ser levado em consideração o tamanho das amostras para sua construção. Histogramas como amostragem abaixo de 20 não é o ideal.

Figura 35 – Exemplo de Histograma

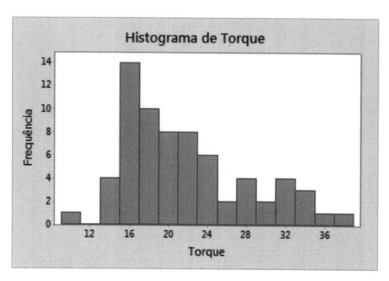

Fonte: (MINITAB, 2023)

Para construir um histograma, primeiro precisamos escolher os intervalos de valores, chamados de classes. Em seguida, contamos quantos valores de nossa amostra cabem dentro de cada classe e desenhamos um retângulo com a altura equivalente à frequência relativa. Cada classe é representada por uma barra do histograma, com a base do retângulo correspondendo ao intervalo de valores da classe e a altura correspondendo à frequência relativa.

Existem diferentes tipos de histogramas, como:

- Histograma de frequência simples: Este tipo de histograma mostra a frequência com que cada valor de dados ocorre em um conjunto de dados. Ele é representado por barras verticais, onde cada barra representa um intervalo de valores (ou "classe") e sua altura representa a frequência com que esses valores ocorrem. Ele é útil para entender a distribuição dos dados e identificar tendências ou *outliers*;

- Histograma de frequência acumulada: Este tipo de histograma mostra a frequência acumulada de cada valor de dados. Ele é representado por barras verticais, onde cada barra representa um intervalo de valores (ou "classe") e sua altura representa a frequência acumulada dos valores até aquele ponto. Ele é útil para entender a probabilidade de um determinado valor ou intervalo de valores ocorrer;

- Histograma de densidade: Este tipo de histograma mostra a densidade de probabilidade de cada valor de dados. Ele é representado por uma curva suave, onde a área debaixo da curva é igual a 1. Ele é útil para comparar duas ou mais distribuições de dados e entender como elas se relacionam entre si. A diferença entre o histograma de frequência e o de densidade é que o histograma de densidade é normalizado, ou seja, a área debaixo da curva é sempre 1, enquanto no histograma de frequência a soma das frequências é igual ao número de amostras.

Em estatística, os histogramas são amplamente utilizados para a análise exploratória de dados, ajudando a identificar tendências e padrões nos dados. Eles também são úteis para comparar diferentes amostras de dados e para detectar *outliers* ou valores atípicos. Em resumo, o histograma é uma ferramenta valiosa para visualizar e entender a distribuição de frequência dos dados. Ele permite identificar tendências e padrões nos dados, comparar diferentes amostras e detectar valores atípicos.

Os histogramas são amplamente utilizados em várias áreas para analisar e visualizar dados. Alguns exemplos incluem:

- Estatística: Os histogramas são usados para entender a distribuição dos dados e identificar tendências ou *outliers*. Eles são frequentemente utilizados na estatística descritiva para visualizar dados contínuos e categóricos;
- Ciência de dados: Os histogramas são usados para explorar e visualizar dados antes de aplicar modelos estatísticos ou de aprendizado de máquina. Eles ajudam a entender como os dados estão distribuídos e se há valores extremos ou *outliers*;
- Engenharia: Os histogramas são usados para analisar dados de testes e medições para entender a qualidade e desempenho de produtos e processos. Eles podem ser usados para identificar problemas ou oportunidades de melhoria;
- Fotografia: Os histogramas de cores são usados para ajustar a exposição e equilibrar as cores em fotografias digitais. Eles mostram a distribuição de cada cor no espectro e ajudam a evitar fotos "sobre expostas" ou "sub expostas";
- Investigação de dados: os histogramas são utilizados para explorar dados de investigação para identificar tendências e padrões, auxiliando na tomada de decisões.

Ao interpretar o Histograma algumas coisas devem ser levadas em consideração como:

- Eixos: o eixo x representa os valores ou intervalos de valores, e o eixo y representa a frequência ou contagem de ocorrências para cada valor ou intervalo;
- Barras: cada barra representa um intervalo de valores, e sua altura representa a frequência de ocorrência para esse intervalo;
- Forma: a forma do histograma pode fornecer informações sobre a distribuição dos dados. Por exemplo, se o histograma é simétrico, isso pode indicar uma distribuição normal, enquanto se a distribuição é assimétrica, isso pode indicar que os dados possuem uma tendência para valores mais altos ou mais baixos;
- Picos e vales: um pico alto no histograma pode indicar que há um valor ou intervalo de valores que é muito comum no conjunto de dados, enquanto um vale baixo pode indicar um valor ou intervalo raro;
- *Outliers*: valores extremos que estão fora da maioria dos outros valores podem ser identificados como *outliers*, que podem afetar a forma do histograma.

Estes são alguns dos principais aspectos a se considerar ao interpretar um histograma. É importante lembrar que a interpretação de um histograma pode ser influenciada por vários fatores, como o tamanho do conjunto de dados e a escolha dos intervalos de valores.

Como relação ao histograma ele pode ser simétrico ou assimétrico. Um histograma simétrico indica que a distribuição dos dados é equilibrada em relação ao seu valor médio. Isso significa que, se dividirmos o histograma ao meio, as duas metades serão semelhantes, como pode ser observado na Figura 36.

Figura 36 – Exemplo de Histograma Simétrico

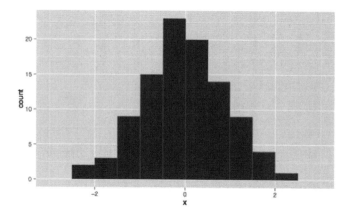

Fonte (SIQUEIRA, 2021)

Em uma distribuição normal (também conhecida como distribuição Gaussiana), o histograma é frequentemente simétrico e apresenta uma forma de "sino", com a maior parte dos valores concentrados perto do valor médio e valores mais raros à medida que nos afastamos da média como pode ser observado na Figura 36.

No entanto, é importante lembrar que a simetria não é uma condição suficiente para afirmar que uma distribuição é normal, mas é um indicador importante. Além disso, existem outras distribuições que podem ser simétricas, como a distribuição uniforme.

Um histograma assimétrico é aquele cujas barras não são simétricas em relação ao seu valor médio. Isso significa que, se dividirmos o histograma ao meio, as duas metades não serão semelhantes, como pode ser observado na Figura 37.

Figura 37 – Exemplo de Histograma

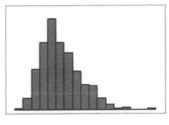

Assimétricos à direita   Assimétricos à esquerda

Fonte: (MINITAB, 2023)

Em um histograma assimétrico, a forma do gráfico pode indicar se a distribuição dos dados é inclinada para a direita ou para a esquerda. Uma distribuição inclinada para a direita significa que há uma tendência para valores maiores que o valor médio, enquanto uma distribuição inclinada para a esquerda indica uma tendência para valores menores que o valor médio.

Algumas distribuições comuns que são assimétricas incluem a distribuição log-normal e a distribuição exponencial. A interpretação de um histograma assimétrico é importante porque a forma da distribuição dos dados pode ter implicações significativas para análises estatísticas e modelagem.

De acordo Siqueira, (2021) os histogramas assimétricos podem ser subdivididos em:

- Histograma distorcido à direita – é uma distribuição com altos valores e uma baixa frequência, ele apresenta uma cauda à direita porque suas barras vão diminuindo à medida que "x" aumenta como pode ser observado na Figura 38;

Figura 38 – Histograma distorcido à direita

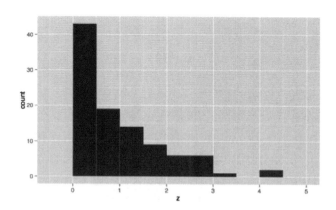

Fonte (SIQUEIRA, 2021)

- Histograma distorcido à esquerda – é uma distribuição com altos valores e uma baixa frequência, ele apresenta uma cauda à esquerda porque suas barras vão aumentando à medida que "x" aumenta como pode ser observado na Figura 39;

Figura 39 – Histograma distorcido à esquerda

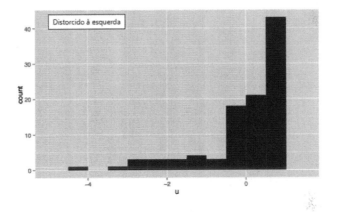

Fonte (SIQUEIRA, 2021)

- Histograma Bimodal – é quando existem dentro do gráfico dois picos, geralmente esse tipo de histograma surge quando está sendo analisado dois grupos, como pode ser observado na Figura 40;

Figura 40 – Histograma Bimodal

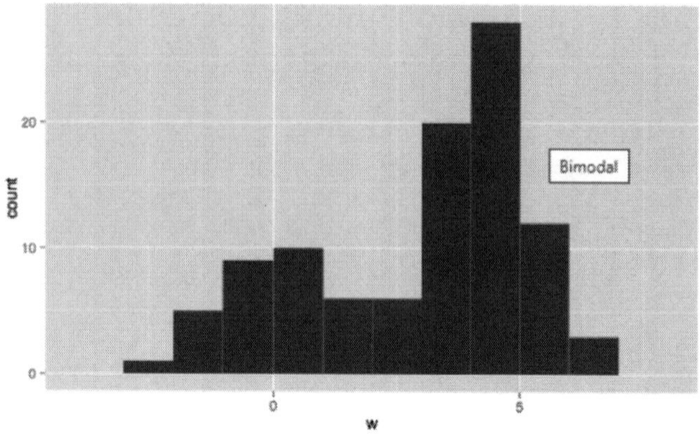

Fonte (SIQUEIRA, 2021)

- Histograma Multimodal – é um gráfico que apresenta mais de um pico de frequência de dados. Ele mostra a distribuição de frequência de um conjunto de dados que possui mais de uma moda, ou seja, mais de um valor com a maior frequência. Como pode ser observado na Figura 41.

Figura 41 – Histograma Multimodal

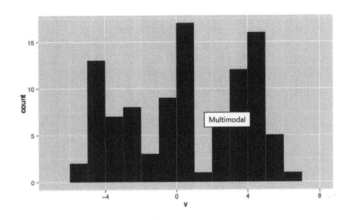

Fonte (SIQUEIRA, 2021)

- Histograma Platô — é um gráfico que mostra uma distribuição de frequência com uma região extensa de valores com frequências próximas e relativamente constantes. Em outras palavras, o gráfico apresenta uma área larga e plana, ou platô, em vez de picos distintos ou declives acentuados, como pode ser observado na Figura 42.

Figura 42 – Histograma Multimodal Histograma Platô

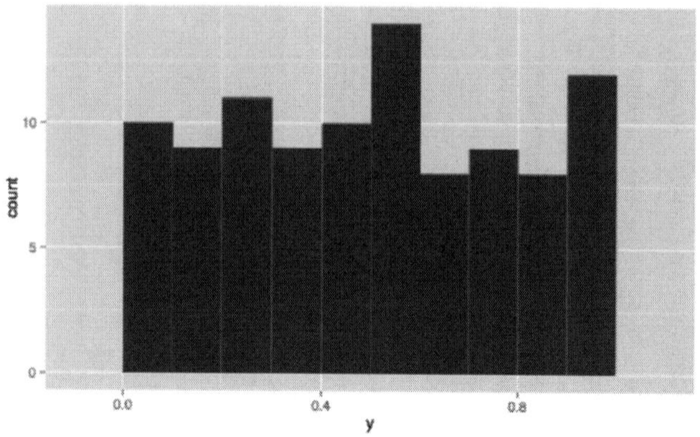

Fonte (SIQUEIRA, 2021)

Nesse capítulo abordamos sobre o histograma, sobre sua importância e onde ele pode ser utilizado. A maioria das planilhas eletrônicas trazem o histograma configurado para que o usuário possa usar ele e fazer suas análises. É importante lembrar que é uma ferramenta que pode ser usada por qualquer gestor, mas ele somente traz os resultados e não os interpreta por isso é necessário um conhecimento prévio em estatística para analisar ele de maneira adequada.

No próximo capítulo será abordado a estatística descritiva e sua importância para tomada de decisões.

REFERÊNCIAS

MINITAB. **Visão geral de Histograma** - Minitab. 2023. Available at: https://support.minitab.com/pt-br/minitab/21/help-and-how-to/graphs/histogram/before-you-start/overview/. Accessed on: 30 Jan. 2023.

SIQUEIRA, Daniel. **Histograma: O que é, Exemplos, Gráficos e Tipos**. 2021. Available at: https://www.alura.com.br/artigos/o-que-e-um-histograma. Accessed on: 31 Jan. 2023.

CAPÍTULO 8:

A IMPORTÂNCIA DA ESTATÍSTICA DESCRITIVA COMO SUPORTE À GESTÃO

A estatística é uma área da matemática que se concentra na coleta, análise e interpretação de dados. É usada para descrever, sintetizar e fazer inferências sobre populações de interesse. A estatística é amplamente utilizada em muitos campos, como ciência, negócios, saúde e governo, para tomar decisões informadas e baseadas em dados.

A coleta de dados é o primeiro passo na análise estatística. Existem dois tipos principais de dados: dados quantitativos e dados qualitativos. Os dados quantitativos são dados numéricos que podem ser medidos ou contados, enquanto os dados qualitativos são dados categóricos que não podem ser medidos ou contados.

Depois de coletar dados, é importante descrevê-los e sintetizá-los de maneira eficaz. A estatística descritiva é usada para fazer isso, e inclui medidas de tendência central, como a média e a mediana, e medidas de dispersão, como o desvio padrão e a variância. Além disso, gráficos, como histogramas e *box plots*, são usados para visualizar e compreender a distribuição dos dados.

A estatística inferencial é usada para fazer inferências sobre uma população com base em uma amostra de dados. Esta área inclui técnicas como testes de hipóteses, análise de variância e regressão, que permitem avaliar se as diferenças observadas entre grupos são significativas ou se há relações entre variáveis.

Em resumo, a estatística é uma ferramenta poderosa para a análise de dados e a tomada de decisões informadas. É importante compreender suas técnicas e conceitos para aplicá-los de maneira eficaz.

Existem basicamente duas grandes categorias de estatística: estatística descritiva e estatística inferencial.

- Estatística Descritiva: é o ramo da estatística que se concentra em sintetizar e descrever dados coletados. Ela inclui técnicas para medir a tendência central, a dispersão e a forma da distribuição dos dados. Alguns exemplos de medidas de tendência central são a média aritmética, a mediana e a moda. Alguns exemplos de medidas de dispersão são o desvio padrão, a variância e a amplitude;

- Estatística Inferencial: é o ramo da estatística que se concentra em fazer inferências sobre uma população a partir de uma amostra de dados. Ela inclui técnicas como testes de hipóteses, análise de variância e regressão, que permitem avaliar a significância estatística das diferenças observadas entre grupos ou relações entre variáveis. Além disso, a estatística inferencial é usada para estimar parâmetros populacionais e para projetar resultados futuros.

Nesse capítulo iremos abordar apenas o primeiro grupo que é a estatística descritiva. De acordo Memória, (2004) ela surgiu como uma área de estudo independente no século XVIII, com o objetivo de resumir e descrever dados quantitativos. Durante este período, os economistas e demógrafos começaram a coletar dados sobre a população e a economia, e precisavam de técnicas para descrever e interpretar esses dados.

Um dos precursores da estatística descritiva foi John Graunt, que, no século XVII, coletou e analisou dados sobre a população de Londres. Graunt usou tabelas e gráficos para descrever a população, incluindo a idade, o gênero e a mortalidade.

Outro importante contribuinte para o surgimento da estatística descritiva foi o matemático francês Pierre-Simon Laplace, que desenvolveu técnicas estatísticas para analisar dados e fazer previsões. Laplace é conhecido por suas contribuições para a teoria da probabilidade e sua aplicação na estatística descritiva.

Desde então, a estatística descritiva tem sido amplamente utilizada em muitos campos, incluindo economia, saúde, ciências sociais e ciências da computação, para resumir e descrever dados de uma maneira clara e eficaz.

A estatística descritiva permite ao gestor fazer a medição de três itens importantes como:

- Tendencia Central;
- Dispersão;
- Distribuição dos dados.

A respeito da tendência centra, ela é um conceito estatístico que descreve o comportamento central ou o «centro» de uma distribuição de dados. A tendência central é medida por meio de diversos indicadores, sendo os mais comuns à média aritmética, a mediana e a moda (número que mais se repete). O objetivo da tendência central é identificar qual é o valor que melhor representa a distribuição de dados como um todo, dando uma visão geral da tendência dos dados. Podemos citar que a tendência central pode ser usada em uma empresa para análise de dados quantitativos, como, por exemplo:

- Análise de vendas: A empresa pode calcular a média de vendas mensais para identificar a tendência central de vendas e assim tomar decisões estratégicas sobre produção, estoques etc.;
- Salários: A empresa pode calcular a mediana dos salários dos funcionários para identificar o salário típico de seus funcionários e assim estabelecer políticas de remuneração justas;
- *Feedback* de clientes: A empresa pode calcular a média de pontuação de satisfação dos clientes para identificar a tendência central de satisfação e tomar medidas para melhorar o atendimento e a qualidade dos produtos; em resumo, a tendência central pode ser usada em uma empresa para ajudar na análise de dados quantitativos e na tomada de decisões estratégicas.

A respeito da dispersão podemos dizer que ela é um conceito estatístico que descreve a variação ou o «espalhamento» dos dados em uma distribuição. A dispersão mede a extensão em que os valores de uma distribuição variam em relação a sua tendência central. Existem várias medidas de dispersão, incluindo o desvio padrão, o intervalo interquartil (IQR) e a variância.

A dispersão é importante porque fornece informações adicionais sobre a distribuição dos dados além da tendência central. Por exemplo, uma distribuição pode ter a mesma média, mas uma dispersão diferente, indicando que os valores podem variar de maneira diferente em torno da média. Na prática, a dispersão é usada em várias áreas, incluindo finanças, economia, ciências sociais e biomedicina, para entender a variação dos dados e tomar decisões informadas. Por exemplo:

- Na análise financeira, a dispersão dos retornos de investimentos pode ser usada para avaliar o risco de investimentos;
- Na biomedicina, a dispersão dos resultados de ensaios clínicos pode ser usada para avaliar a eficácia de tratamentos médicos.

Na estatística existem três tipos de dispersão:

- Desvio padrão: É a medida padrão da dispersão que usa o desvio dos dados em relação à média para calcular a variação dos dados. O desvio padrão é a raiz quadrada da variância;
- Intervalo interquartil (IQR): É a medida de dispersão que representa a diferença entre o terceiro quartil (Q3) e o primeiro quartil (Q1) da distribuição de dados. O IQR representa a faixa de valores que inclui 50% dos dados;

- Variância: É a medida da dispersão que usa a diferença dos dados em relação à média para calcular a variação dos dados. A variância é o quadrado do desvio padrão.

Essas são as medidas de dispersão mais comuns na estatística, mas existem outras medidas, como o desvio médio absoluto, que podem ser usadas em determinadas situações. A escolha da medida de dispersão adequada depende do objetivo da análise e do tipo de dados a ser avaliado.

A respeito ainda dos três tipos de dispersão você como gestor pode querer usar elas para:

- Desvio padrão: Uma empresa de varejo pode usar o desvio padrão para medir a variação no tempo de espera para os clientes na fila do caixa. A média de tempo de espera pode ser de 5 minutos, mas se o desvio padrão for alto, isso significa que há uma grande variação no tempo de espera, o que pode ser um problema para a satisfação dos clientes;
- Intervalo interquartil (IQR): Uma empresa de manufatura pode usar o IQR para medir a variação no tempo de produção de um determinado produto. O IQR pode mostrar a faixa de tempo de produção que inclui 50% dos tempos de produção, o que pode ser útil para identificar problemas de processo ou necessidades de melhoria;
- Variância: Uma empresa de serviços financeiros pode usar a variância para medir a variação nos retornos de investimento de seus clientes. A variância pode mostrar o quanto os retornos

variam em relação à média, o que pode ser útil para avaliar o risco de investimento e ajudar na tomada de decisão informada.

Você pode reparar que essas informações são bastante uteis para o gestor tomar a melhor decisão possível, mas vale ressaltar é necessário que ele tenha conhecimento estatístico para que ele possa fazer essas análises. No mercado além de planilhas eletrônicas existem diversos softwares que fazem os cálculos, mas somente o gestor que poderá analisar e decidir qual decisão tomar perante os dados apresentados e uma vez tomada a decisão é preciso perceber que ela pode trazer resultados indesejados, porque não foi feita uma análise completa dos dados.

E por que conhecimento em estática é importante juntamente com as Ferramentas da Qualidade e da Gestão vistas até o momento? Pode se dizer que as Ferramentas da Qualidade e o conhecimento em estatística descritiva são fundamentais para a tomada de decisão eficaz em uma empresa. A combinação desses dois elementos permite aos gerentes e líderes empresariais coletar, analisar e interpretar dados para apoiar suas decisões e garantir a eficiência e eficácia dos processos de negócios.

As ferramentas da qualidade incluem técnicas como o controle de processo, a melhoria contínua e o gerenciamento de projetos. Essas ferramentas permitem a coleta e o processamento de dados em grande escala, o que ajuda a identificar tendências, padrões e problemas que podem afetar a qualidade dos processos de negócios.

Já o conhecimento em estatística descritiva permite resumir e apresentar os dados de uma forma clara e objetiva. Por meio de medidas como a média, mediana, moda, desvio padrão e percentis, é possível obter uma visão geral da distribuição dos dados e identificar valores atípicos ou *outliers*. Além disso, gráficos como *box plots* e histogramas ajudam a visualizar a distribuição dos dados e a identificar a presença de tendências ou padrões.

A combinação dessas ferramentas e conhecimentos permite uma análise completa dos dados e, assim, uma tomada de decisão mais informada. As informações coletadas com as ferramentas da qualidade são apresentadas de forma clara e objetiva com o uso da estatística descritiva, o que ajuda a tomar decisões mais acertadas e a melhorar a qualidade dos processos de negócios.

No próximo capítulo e último em termos de conteúdo antes do fechamento será visto a importância da simulação para a tomada de decisão e como ela pode melhorar um processo produtivo e você poderá entender como tudo isso que foi falado no livro até agora pode trabalhar de forma conjunta.

REFERÊNCIA

MEMÓRIA, José Maria Pompeu. Breve História da Estatística. **Embrapa Informação Tecnológica**, nº 1.677-5.473; 21, 2004. Available at: http://www.cienciaedados.com/conceitos-fundamentais-de-machine-learning/%0Ahttp://www.brevesdesaude.com.br/ed02/ultrasonografia.htm.

CAPÍTULO 9:

A IMPORTÂNCIA DA SIMULAÇÃO COMO FERRAMENTA PARA MELHORIA DE PROCESSOS

Chegamos ao último assunto a ser tratado nesse livro que é a importância da Simulação e como ela pode ser utilizada como uma ferramenta para melhoria de processos.

A simulação é uma técnica usada para modelar e prever o comportamento de sistemas complexos. A sua origem remonta ao século XVII, quando matemáticos começaram a usar modelos matemáticos para prever o comportamento de sistemas físicos. A evolução dos computadores e da tecnologia permitiu que a simulação se tornasse cada vez mais precisa e aplicável a uma ampla gama de campos, desde a engenharia até a economia e a ciência política. A evolução da simulação tem sido constante desde sua origem no século XVII. Alguns marcos na evolução da simulação incluem:

- Década de 1950: A popularização dos computadores permitiu a simulação em larga escala, tornando possível simular sistemas complexos com maior precisão e rapidez;
- Década de 1960: A introdução de linguagens de programação específicas para simulação, como

o SIMSCRIPT, permitiu aos usuários construir modelos de simulação de maneira mais fácil e eficiente;

- Década de 1970: A popularização da simulação no setor militar levou ao desenvolvimento de simulações de combate e treinamento em larga escala;
- Décadas de 1980 e 1990: A evolução da tecnologia de simulação, incluindo a introdução de gráficos tridimensionais e animações, permitiu simulações mais realistas e interativas;
- Década de 2000: A popularização da internet e a evolução da tecnologia de simulação levaram ao desenvolvimento de simulações em tempo real e ao aumento da colaboração e compartilhamento de modelos de simulação em todo o mundo.

Atualmente, a simulação continua a evoluir rapidamente, com o uso cada vez mais comum de inteligência artificial e aprendizado de máquina para aprimorar a precisão e a eficiência das simulações. Ela é amplamente utilizada em uma ampla gama de setores, incluindo saúde, finanças, transporte, e meio ambiente, e é vista como uma ferramenta valiosa para a tomada de decisões informadas.

Com sua melhoria ao longo dos anos ela permite que os usuários testem diferentes cenários e hipóteses sem afetar o sistema real, e fornece informações valiosas para a tomada de decisões. Existem vários tipos de simulação no mercado, cada um com suas próprias características e aplicações. Alguns dos principais tipos de simulação incluem:

- Simulação de eventos discretos: Este tipo de simulação é usado para modelar sistemas que consistem em eventos discretos, como processos de fabricação, sistemas de transporte e sistemas de filas. Ele é útil para analisar a eficiência de um sistema e identificar pontos de gargalo. Um exemplo seria simular um processo de produção para identificar os estrangulamentos e maximizar a capacidade de produção;
- Simulação de eventos contínuos: Este tipo de simulação é usado para modelar sistemas que consistem em eventos contínuos, como processos químicos, sistemas de controle e sistemas dinâmicos. Ele é útil para analisar a estabilidade e a resposta do sistema a diferentes condições. Um exemplo seria simular um sistema de controle de temperatura em um reator químico para garantir a segurança e a eficiência do processo;
- Simulação de agentes: Este tipo de simulação é usado para modelar sistemas complexos com múltiplos agentes, como sistemas econômicos, sociais e ambientais. Ele é útil para entender como os agentes interagem e como isso afeta o comportamento do sistema. Um exemplo seria simular como diferentes políticas econômicas afetam o comportamento dos consumidores e a economia.

A simulação traz várias vantagens para a organização, ela pode ajudar as empresas a melhorar a qualidade dos seus produtos de várias maneiras como:

- Análise de desempenho: A simulação permite que as empresas testem virtualmente diferentes designs de produtos e materiais antes de fabricá-los, o que pode ajudar a identificar problemas de desempenho e a otimizar o projeto;
- Otimização de processos: A simulação pode ajudar a otimizar os processos de fabricação e produção, identificando gargalos e melhorando a eficiência. Isso pode levar a uma redução dos custos e aumentar a qualidade dos produtos;
- Melhoria de testes: A simulação pode ser usada para simular diferentes cenários de testes e condições extremas, o que pode ajudar a identificar problemas de qualidade antes que os produtos cheguem ao mercado;
- Inovação: A simulação pode ajudar as empresas a explorar novas ideias e tecnologias, o que pode levar a novos produtos e melhorias na qualidade dos produtos existentes;
- Prevenção de falhas: A simulação pode ser utilizada para simular falhas e identificar problemas potenciais antes que eles ocorram, o que pode ajudar a evitar problemas de qualidade e interrupções no fornecimento.

Embora a simulação seja uma ferramenta poderosa, ela também tem algumas desvantagens:

- Complexidade: A simulação pode ser complexa e requer conhecimento especializado para ser desenvolvida e interpretada corretamente. Isso pode dificultar o acesso a essa ferramenta para algumas empresas e indivíduos;

- Custo: O desenvolvimento e a implementação de simulações podem ser caros e requerem investimento em software e hardware;
- Falta de precisão: A simulação é baseada em modelos matemáticos e não pode refletir perfeitamente a realidade. Isso pode levar a resultados imprecisos e a dificuldades na interpretação dos resultados;
- Limitado pelo modelo: A simulação é baseada no modelo matemático escolhido, e se o modelo não for preciso, os resultados serão também imprecisos;
- Erros humanos: A simulação requer intervenção humana em sua criação, configuração e interpretação, e erros humanos podem afetar a precisão e a confiabilidade dos resultados;
- Tempo: A simulação pode ser demorada e requer tempo para ser desenvolvida e executada, o que pode ser um problema para projetos com prazos apertados.

Uma de suas muitas utilizações e o porquê de ela ser tão importante está relacionada com redução de riscos que incluem:

- Previsão de desempenho: A simulação pode ser usada para modelar e prever o desempenho de sistemas complexos, permitindo a identificação de pontos fracos e riscos potenciais antes de implementar mudanças ou investir em projetos;
- Teste de cenários: A simulação permite aos usuários testar diferentes cenários para identificar o

melhor curso de ação e mitigar os riscos associados a diferentes decisões;

- Treinamento: A simulação pode ser usada para treinar pessoas em situações de risco, como incêndios ou desastres naturais, sem colocá-las em perigo real;
- Análise de segurança: A simulação pode ser usada para modelar e analisar sistemas de segurança, como sistemas de proteção contra incêndios, para identificar pontos fracos e melhorar a segurança geral;
- Previsão de falhas: A simulação pode ser usada para prever falhas em sistemas, permitindo aos usuários tomar medidas para mitigar esses riscos antes que eles ocorram.

Dentre as várias simulações que existem no mercado vale a pena destacar três em específico que são muito estudadas. A primeira delas é Teoria das Filas:

TEORIA DAS FILAS

A teoria das filas é uma área da matemática aplicada que estuda o comportamento de sistemas que envolvem filas, tais como filas em bancos, postos de gasolina, *call centers*, entre outros. Ela busca responder questões como: quanto tempo uma pessoa vai demorar na fila? Qual é a taxa de chegada de clientes e a taxa de atendimento dos servidores? A teoria das filas é importante porque ajuda a projetar e melhorar sistemas de fila para maximizar a eficiência e satisfação dos clientes.

A simulação é uma ferramenta poderosa na resolução de problemas relacionados à teoria das filas. Ela permite modelar e testar sistemas de fila antes da implementação real, o que pode economizar tempo e recursos. Além disso, a simulação é útil quando não é possível obter soluções analíticas ou quando o sistema é muito complexo para ser analisado de outras maneiras.

A simulação funciona criando uma representação computacional do sistema de fila e simulando a chegada e atendimento de clientes. Isso permite avaliar o desempenho do sistema, como o tempo médio de espera na fila e a utilização dos recursos. Os resultados da simulação podem ser comparados com os dados reais ou com resultados teóricos para verificar a precisão da simulação.

A simulação também pode ser usada para testar diferentes cenários, como mudanças na taxa de chegada de clientes, mudanças na taxa de atendimento dos servidores, adição ou remoção de servidores, entre outras. Isso permite identificar as melhores soluções para melhorar o desempenho do sistema.

Para exemplificar pense na seguinte situação: uma empresa que usou simulação para resolver problemas de teoria das filas é um *call center*. Imagine que a empresa está tendo problemas com a espera excessiva na fila de atendimento ao cliente. A equipe de gerenciamento decide usar simulação para identificar a causa do problema e encontrar soluções.

A simulação modela a chegada de chamadas e o atendimento por parte dos agentes de atendimento. Os resultados da simulação mostram que a espera excessiva na fila é causada por uma combinação de taxas de chegada de chamadas altas e baixa eficiência dos agentes de atendimento.

Com base nessas informações, a equipe de gerenciamento decide adicionar mais agentes de atendimento para aumentar a eficiência e diminuir a espera na fila. A simulação é usada novamente para testar a eficácia da solução proposta. Se os resultados da simulação mostrarem uma redução significativa na espera na fila, a equipe de gerenciamento pode implementar a solução com confiança de que irá melhorar a satisfação dos clientes.

Este exemplo ilustra como a simulação pode ser usada para resolver problemas de teoria das filas em um ambiente de *call center*. Ao modelar e testar diferentes soluções antes da implementação real, a empresa pode tomar decisões informadas para melhorar o desempenho do sistema e a satisfação dos clientes.

A segunda simulação que é muito utilizada é a Dinâmica de Sistemas.

DINÂMICA DE SISTEMAS

A Dinâmica de Sistemas é uma área da engenharia e da matemática que estuda como os sistemas evoluem ao longo do tempo. Ela é usada para modelar, prever e controlar a dinâmica de sistemas complexos, como sistemas biológicos, mecânicos, elétricos, financeiros, entre outros.

A Dinâmica de Sistemas aborda questões como estabilidade, bifurcações, caos, controle, otimização e simulação de sistemas. Ela se baseia em modelos matemáticos, como equações diferenciais, equações de estado, sistemas de equações lineares, entre outros, para descrever a dinâmica dos sistemas. Ela surgiu na década de 1950 com o desenvolvimento de métodos matemáticos para modelar e prever o comportamento de sistemas dinâmicos complexos.

O surgimento da Dinâmica de Sistemas é atribuído aos trabalhos de matemáticos e engenheiros, como Norbert Wiener, John von Neumann e John Nash, que foram os primeiros a usar técnicas matemáticas para estudar o comportamento dinâmico de sistemas.

A Dinâmica de Sistemas desenvolveu-se rapidamente como uma disciplina independente, aplicada em várias áreas, incluindo engenharia, física, economia, biologia, entre outras. Hoje, a Dinâmica de Sistemas é uma área ampla e ativa de pesquisa e é amplamente usada na solução de problemas práticos em vários setores industriais e governamentais. Ela permite modelar sistemas dinâmicos em um computador e simular sua evolução ao longo do tempo, permitindo avaliar suas propriedades e comportamento.

A simulação é útil porque muitos sistemas dinâmicos são difíceis ou impossíveis de serem resolvidos analiticamente. Além disso, a simulação permite experimentar com diferentes cenários e condições, o que é importante para avaliar o desempenho do sistema em diferentes situações.

A simulação é feita usando modelos matemáticos que descrevem a dinâmica dos sistemas. Estes modelos são geralmente implementados em software de simulação especializado, como MATLAB, Simulink etc. A simulação é usada para responder a perguntas como: Qual será o comportamento do sistema ao longo do tempo? Como o sistema reagirá a diferentes entradas? Como o sistema será afetado por variações em suas condições iniciais ou em suas condições de funcionamento?

Um exemplo prático da utilização da dinâmica de sistemas é na área energias renováveis na indústria de geração de energia eólica. A simulação é usada para modelar o comportamento do parque eólico, incluindo a interação entre as turbinas eólicas, o vento e o terreno.

Com base nas simulações, os engenheiros podem determinar a melhor posição para as turbinas eólicas, bem como a sua capacidade de produção de energia. Além disso, a simulação permite avaliar o desempenho do parque eólico em diferentes condições climáticas e avaliar a eficiência energética do sistema.

Assim, a simulação é uma ferramenta valiosa para a indústria de energia eólica para resolver problemas complexos de dinâmica de sistemas, tornando a produção de energia eólica mais eficiente e mais rentável. Além disso, a simulação também ajuda a avaliar o impacto ambiental do parque eólico e a identificar soluções para minimizá-lo.

Por fim a última simulação e a mais atual que é Simulação Baseada em Agentes.

AGENTES

Simulação Baseada em Agentes (Agent-Based Simulation, ABS) é uma abordagem de simulação que modela sistemas complexos como uma coleção de agentes autônomos que interagem uns com os outros e com o ambiente. Cada agente é programado com regras de comportamento e pode tomar decisões, realizar ações e interagir com outros agentes.

A ABS é amplamente utilizada para simular sistemas complexos em muitas áreas, incluindo economia, ciências sociais, biologia, saúde pública e tecnologia da informação. Alguns exemplos incluem simular a dinâmica do mercado financeiro, o comportamento humano em situações de crise, a disseminação de doenças em uma população, ou o comportamento de usuários em sistemas de tecnologia da informação.

A vantagem da ABS é que permite modelar o comportamento individual dos agentes e sua interação com outros agentes e o ambiente, o que é importante para sistemas complexos onde as ações individuais têm impacto no sistema como um todo. Além disso, a ABS permite experimentar com diferentes cenários e condições, o que é importante para avaliar o desempenho do sistema em diferentes situações.

Um exemplo de utilização de Simulação Baseada em Agentes é na modelagem de sistemas de transporte. Por exemplo, é possível simular o comportamento de motoristas e passageiros em uma rede de transporte público, incluindo a escolha de rotas, a alocação de veículos, o nível de serviço e a interação com outros usuários do sistema.

A simulação pode ajudar a identificar pontos de engarrafamento, avaliar a eficiência do sistema de transporte e identificar soluções para melhorar a capacidade e a eficiência. Além disso, a simulação pode ser usada para avaliar o impacto de diferentes políticas públicas, como a introdução de novas linhas de transporte ou mudanças na tarifação.

Outro exemplo é na modelagem do comportamento do consumidor em um mercado. Os agentes podem representar os consumidores, cada um com suas próprias características, preferencias e comportamentos de compra. A simulação pode ajudar a compreender como os consumidores interagem com o mercado e como as condições do mercado afetam as decisões de compra dos consumidores.

Em ambos os exemplos, a Simulação Baseada em Agentes permite explorar e compreender o comportamento coletivo dos sistemas complexos, fornecendo informações valiosas para a tomada de decisões e a melhoria dos sistemas.

Para exemplificar trago aqui três publicações de artigos em revistas internacionais de utilização de simulação.

A primeira delas foi publicada pelos autores Abdulaziz Alnowibet *et al.*, (2022) com título em inglês *"Airport terminal building capacity evaluation using queuing system"* traduzido para o português Avaliação da capacidade de construção de terminais aeroportuários usando sistema de filas onde os autores examinam as filas em embarque no Aeroporto Internacional do Cairo e comparam o tempo de espera ideal sugerido no conceito de Nível de Serviço (LoS) da Associação Internacional de Transporte Aéreo (IATA).

A segunda publicação é dos autores Fuhao; Qiuhong, (2023) com título *"Comparison of the response efficiency between the fractal and traditional emergency organizations based on system dynamic simulation"* traduzido para o português com título Comparação da eficiência de resposta entre as organizações de emergência fractal e tradicional com base na simulação dinâmica dos sistemas. Onde é feito um estudo de simulação por meio de dinâmica de sistemas na área de emergência fractal e é comparada com a emergência tradicional.

Por fim, a última publicação é dos autores Borjigin; He; Niemeier, (2023) com título em inglês *"COVID-19 transmission in U.S. transit buses: A scenario-based approach with agent-based simulation modeling (ABSM)"* traduzido para o português seria Transmissão de COVID-19 em ônibus de trânsito nos EUA: uma abordagem baseada em cenários com modelagem de simulação baseada em agentes (ABSM). Nesse artigo os autores estudam o ambiente de ônibus nos EUA por meio de simulação de agentes e permite avaliar as políticas públicas adotadas.

REFERÊNCIA

ABDULAZIZ ALNOWIBET, Khalid; KHIRELDIN, Awad; ABDELAWWAD, Mohamed; WAGDY MOHAMED, Ali. Airport terminal building capacity evaluation using queuing system. **Alexandria Engineering Journal**, vol. 61, nº 12, p. 10109-10118, 2022. DOI 10.1016/j.aej.2022.03.055. Available at: https://doi.org/10.1016/j.aej.2022.03.055.

BORJIGIN, Sachraa G; HE, Qian; NIEMEIER, Deb A. COVID-19 transmission in U.S. transit buses: A scenario-based approach with agent-based simulation modeling (ABSM). **Communications in Transportation Research**, vol. 3, nº January, p. 1-9, Dec. 2023. DOI 10.1016/j.commtr.2023.100090. Available at: https://doi.org/10.1016/j.commtr.2023.100090.

FUHAO, Zu; QIUHONG, Zhao. Comparison of the response efficiency between the fractal and traditional emergency organizations based on system dynamic simulation. **Sustainable Operations and Computers**, vol. 4, nº November 2022, p. 29-38, 2023. DOI 10.1016/j.susoc.2022.12.001. Available at: https://doi.org/10.1016/j.susoc.2022.12.001.

CAPÍTULO 10:

CONCLUSÃO

Ao longo desse livro percorremos vários caminhos, no vimos inicialmente o que é qualidade, o que a torna importante e o porquê de ela ser um diferencial para as empresas apesar de ser uma obrigação em comprimir com aquilo que foi acordado.

Posteriormente passamos pela definição de ferramentas da qualidade e vimos o porquê de o PDCA não ser considerado apenas uma ferramenta, ele é muito mais que isso é uma metodologia que pode ser incorporada as ferramentas dentro dele. Vimos a combinação e a execução de ferramentas como Folha de Verificação, Diagrama de Pareto, Diagrama de Ishikawa, *Brainstorming*, 5 Porquês e 5W2H poderem trabalhar juntas e em uma sequência logica e que ao final estaríamos rodando o PDCA dentro da organização.

Posteriormente vimos ferramentas que são complementares a gestão, como Fluxograma, Diagrama de Gantt, Matriz GUT e Matriz de Responsabilidade, que apesar de elas não estarem dentro das ferramentas iniciais elas podem ser usadas obviamente em situações mais específicas, mas que trazem resultados imprescindíveis para o Gestor.

Após passar por todas as ferramentas falamos sobre a ISO 9001: 2015 sua importância e a relação dos itens dela com o PDCA juntamente com as Ferramentas da Qualidade que podem ser usadas, isso permitiu mostrar como tudo está conectado e como você pode alcançar melhores resultados quando entende essas conexões.

Chegando ao final do livro foram abordados o histograma e a estatística descritiva para ajudar na tomada de decisões. Essa ferramenta foi colocada separada das demais porque o intuito era mostrar como ela é importante, mas como é necessário um conhecimento em estatística para alcançar melhores resultados. Em sala de aula sempre falo com os alunos da importância que tem em saber estatística para uma melhor tomada de decisão e que todo engenheiro ou gestor deve aprender estatística para melhorar sua tomada de decisão e ela passar a ser baseada em dados e fatos e não em achismo ou suposições.

No último capítulo é abordado o tema de simulação e como ele pode ajudar as organizações a tomar melhores decisões quando se aprende a modelar. Modelagem computacional não é simples e nem barata, mas quando se adota traz resultados fantásticos que ajudam a empresa a tomar decisões sem causar prejuízos porque tudo se passa no mundo virtual.

Espero que com esse livro você caro leitor possa tomar melhores decisões e buscar novos conhecimentos, que ele lhe tenha trazido um norte para seguir e aqueles assuntos que você desconheça que você possa buscar mais informações sobre ele em artigos, livros e na internet. Todos os artigos mencionados no livro podem ser buscados na internet estão com livre acesso, a maioria está em inglês, mas nada impede que eles possam ser acessados e lidos, no mais desejo boa sorte a todos vocês nessa jornada do conhecimento.

Obrigado a todos que chegaram até aqui.

O Autor.